Working with German
Level 1
Coursebook

Peter Lupson
Head of Modern Languages, Dovecot Community
Comprehensive School, Liverpool

Doug Embleton
Managing Director, The Language Service Ltd

Elspeth Eggington
Freelance Linguist

Stanley Thornes (Publishers) Ltd

First published in 1989 by:
Stanley Thornes (Publishers) Ltd
Ellenborough House
Wellington Street
CHELTENHAM GL50 1YD
England

Reprinted 1990 (twice)
Reprinted 1991
Reprinted 1992 (with corrections)
Reprinted 1993 (twice)
Reprinted 1995

British Library Cataloguing in Publication Data

Lupson, J.P. (J. Peter)
    Working with German.
    Level 1
    Coursebook
    1. German language. Business German
    I. Title   II. Embleton, Doug
    III. Eggington, Elspeth
    808´.066651031

ISBN 0–85950–838–2

Other business language books from Stanley Thornes:

A and U Yeomans, P Lupson, D Embleton and E Eggington *Talking Business German* (Coursebook, Teacher's Book, Cassette)
M Mitchell *Working with French Foundation Level and Development Level* (Coursebooks, Teacher's Books, Cassettes)
S Truscott and M Mitchell *Talking Business French* (Coursebook, Teacher's Books, Cassettes)
D Aust and C Shepherd *Lettere Sigillate*
T Connell and J Kattán-Ibarra *Working with Spanish* (Coursebooks, Teacher's Notes, Cassettes)
J Kattán-Ibarra and T Connell *Talking Business Spanish* (Coursebook, Teacher's Book, Cassettes)

Typeset by Tech-Set, Gateshead, Tyne & Wear
Printed and bound in Great Britain at Redwood Books, Trowbridge, Wiltshire

Contents

Introduction

Working with German Level 1 is designed for anyone needing to use the language for practical purposes, in particular for commerce and industry, or holiday and travel. It is based on common situations likely to occur in German-speaking countries.

Each chapter illustrates particular language functions which are developed by means of dialogues and individual or group situational exercises. The chapters are graded structurally and new grammar points are explained at the end of each chapter, together with useful phrases relating to specific situations. There are also additional grammar exercises relating to the new grammar in each chapter.

Students gradually acquire practice in skills they are likely to need when working with the language, for example, telex and letter writing, making telephone calls, translating and summarising. Each chapter has a relevant listening comprehension, and also a reading comprehension which sometimes illustrates the theme of the chapter or is otherwise of more general interest. Some authentic material has been used in the book but students will not be expected to understand all of it; questions on these texts are based on the easier material.

Recorded material is available on cassette for use with this course, and items on cassette are indicated in the book by the symbol 🔲 . Transcripts of the listening comprehension and dictations are provided at the end of the book together with a list of irregular verbs and a vocabulary list. The definitions given in the vocabulary list relate to the context in which the word is used in the book.

A Teacher's Book is also available, providing notes to aid lesson preparation and photocopiable student materials, including exercises, role-play prompts and chapter-by-chapter vocabulary lists.

Students who have completed this book can proceed to *Working with German Level 2* in which more advanced language skills are developed in the context of specific work-orientated situations.

Acknowledgements

The authors and the publishers are grateful to the following for permission to reproduce material:

Bavaria–Verlag Bildagentur (page 92, photo by Kneer; page 128, photo by Otto)
Bild-Archiv des Bundesministeriums für das Post- und Fernmeldewesen (page 102, photo by Thilo Nass)
Der Weinmann Tscharke, Düsseldorf (page 75)
Deutsche Bahn (pages 29, 30, 33, 34, 36)
Deutsche Bank (page 101)
Deutsche Bundespost (page 104)
Eugen Paternolli (page 5)
Foto Goertz Service, Düsseldorf (page 75)
Gasthof-Hotel „Krone" and Hotel „Krone am Park", Alzenau (page 48)
Greg Smith (pages 74, 86, 90, 98, 99, 100, 103, 109)
Hotel Central, Hof (page 48)
Hotel Coenen, Mönchengladbach (page 42)
Hotel Restaurant Adler, Pfullendorf (page 48)
Hotel Schultenhof, Gladbeck (page 58)
Mössing, Düsseldorf (page 75)
Restaurant Anton Bommersheim OHG, Eschborn-Niederhöchstadt (page 63)
Stadtparfümerie Pieper (page 75)
Stief Pictures (page 112; page 127, photo by Paul Wudtke)
Tankstelle Wolfgang Klupiec, Krefeld-Linn (page 111)
The J Allan Cash Photolibrary (pages 20, 22)
Werbe- und Wirtschaftsförderungsamt der Stadt Düsseldorf (page 19, photo by Manfred Ehrich; pages 72, 120, photos by Olaf Raymermann; page 122)

Every attempt has been made to contact copyright holders, but we apologise if any have been overlooked.

Besuch aus Deutschland

Bei Anglia Chemicals (1)

The Buyer and the Production Director of a German company, Sasshofer AG in Mönchengladbach, have come to visit a British company, Anglia Chemicals plc.

Herr Weidmann: Guten Tag, Ewald Weidmann und Lotte Meyer aus Mönchengladbach.

Empfangsdame: Guten Tag, Herr Weidmann, guten Tag, Frau Meyer. Mr Newby erwartet Sie.

(*Receptionist phones Mr Newby.*)

Empfangsdame: Er kommt gleich.

Herr Weidmann: Danke sehr.

Mr Newby: Guten Tag, Frau Meyer, guten Tag, Herr Weidmann. Mein Name ist Michael Newby. Es freut mich, Sie kennenzulernen.

Herr Weidmann: Guten Tag, Mr Newby, es freut uns auch.

Practice

1 Wie heißen Sie?

 Guten Morgen. Ich heiße Lotte Meyer, und
ich komme aus Krefeld. Ich arbeite bei
der Firma Sasshofer in Mönchengladbach.
Ich bin Einkaufsleiterin.

Guten Abend. Mein Name ist Ewald
Weidmann. Ich wohne in Neuß bei
Düsseldorf, und ich bin Produktionsleiter
bei der Firma Sasshofer.

Now give similar information about yourself. Some of the following phrases will be
useful:

- Ich heiße . . . /Mein Name ist . . .
- Ich komme aus (England, Irland, Wales, Schottland, Amerika, Australien,
  Kanada . . .)
- Ich bin (Sekretärin, Geschäftsführer/Geschäftsführerin, Fahrer/Fahrerin, Student/
  Studentin, Elektroniker/Elektronikerin, Einkaufsleiter/Einkaufsleiterin bei der
  Firma . . .)

2

The following conversation takes place between two people on a flight to Germany.

Herr Müller: Guten Tag. Müller.
Frau Williams: Tag. Mein Name ist Williams. Es freut mich, Sie kennenzulernen.

Herr Müller:	Sind Sie Deutsche?
Frau Williams:	Nein, ich bin Schottin.
Herr Müller:	Ach so, das ist interessant. Und woher kommen Sie?
Frau Williams:	Ich komme aus Edinburgh. Ich bin Exportleiterin bei der Firma Tartan Textiles. Und Sie, was sind Sie von Beruf?
Herr Müller:	Ich bin Verkaufsleiter bei der Firma Edelmetall in Oberhausen bei Duisburg.
Frau Williams:	Und wo wohnen Sie?
Herr Müller:	Ich wohne in Duisburg.

Now complete this dialogue by adding the appropriate statement or question.

_____

Guten Tag. Mein Name ist Gerhard Schmidt.

_____

Ich komme aus Deutschland.

_____

Ich bin Programmierer.

_____

Ich wohne in Berlin.

Bei Anglia Chemicals (2)

Michael Newby takes his two
German visitors on a tour of
Anglia Chemicals. He
introduces them to some of his
colleagues, including David
Jones, the Sales Director.

David Jones:	Guten Tag. Es freut mich, Sie kennenzulernen. Sind Sie zum ersten Mal in England?
Frau Meyer:	Ja, ich bin zum ersten Mal hier, aber Herr Weidmann kommt oft nach England.
David Jones:	Ich wünsche Ihnen einen guten Aufenthalt.
Ewald Weidmann:	Sie sprechen sehr gut Deutsch. Lernen Sie es hier bei Anglia Chemicals?
David Jones:	Nein, meine Frau ist Deutsche. Sie kommt aus Dortmund. Wir sprechen Deutsch zu Hause.
Frau Meyer:	Entschuldigen Sie, sind Sie vielleicht Waliser? Ihr Name ist walisisch, nicht wahr?
David Jones:	Ja, das stimmt, aber ich selbst bin Engländer.

Practice

1 On the train to a business appointment in London you notice that the passenger next to you has been reading a German newspaper. You begin a conversation with him in German. What do you say to him?

Sie:	(Ask if your fellow traveller is German.)
Reisender:	Nein, ich bin Österreicher. Ich heiße Paternolli.

Sie:	(Ask where he comes from.)
Reisender:	Ich wohne in Dornbirn, aber ich arbeite in Feldkirch.
Sie:	(Ask what he does for a living.)
Reisender:	Ich bin Ingenieur.
Sie:	(Ask if this is his first visit to England.)
Reisender:	Ja, ich bin zum ersten Mal hier.
Sie:	(Wish him a pleasant stay.)
Reisender:	Danke sehr.

Ing. Eugen Paternolli
Betriebsleiter der Spinnerei Gisingen

fmhämmerle TEXTILWERKE AG

A-6800 Feldkirch
Tel. (05522) 22008

Herrn Paternollis Visitenkarte

2 Your company has advertised a job for which a German speaker is required. Look at this information sent by one of the applicants.

Vorname	Hans-Dieter
Familienname	Schulz
Staatsangehörigkeit	deutsch
Wohnort	Frankfurt
Beruf	Ingenieur

Your company is sending you to work in Germany, and you need to apply for a work permit. You must complete the same form.

You may need some of these words:
- britisch, australisch, englisch, irisch, kanadisch, amerikanisch
- Direktor/Direktorin, Sekretärin, Stenotypist/Stenotypistin, Lehrling, Programmierer/Programmiererin, Verkaufsleiter/Verkaufsleiterin, Produktionsleiter/Produktionsleiterin, Telefonist/Telefonistin

3 The following people are participants at an international conference. Answer the following questions, using the words in the box below.

Example Ist Herr Richoux Deutscher?   Nein, Franzose.

a) Ist Frau Smith Amerikanerin?

b) Ist Herr Jones Ire?

| Österreicher |
| Schweizerin |
| Australier |
| Französin |
| Kanadier |
| Britin |

c) Ist Frau Müller Deutsche?

d) Ist Herr Schäfer Deutscher?

e) Ist Frau Klein Italienerin?

f) Ist Herr Duchêne Belgier?

4 Here is a family tree of David Johnson's immediate family:

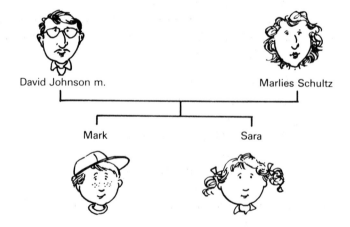

David Johnson m.   Marlies Schultz

Mark   Sara

David Johnson ist Engländer. Er hat eine Frau. Sie heißt Marlies und ist Deutsche. Er hat auch einen Sohn und eine Tochter. Der Sohn heißt Mark, und die Tochter heißt Sara.

Now write a few sentences about Heinz Preissler.

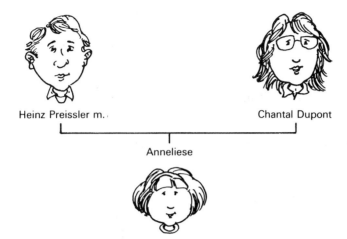

Heinz Preissler m.   Chantal Dupont

Anneliese

5 Spelling (*buchstabieren*)

 You may at some time have to spell aloud in German. Listen to the pronunciation of the alphabet in German, then repeat each letter.

A Ä B C D E F G H I J K L M N O Ö P Q R S T U Ü V W X Y Z

Now give this personal information:

a) Wie buchstabieren Sie Ihren Familiennamen?
b) Wie buchstabieren Sie Ihren Vornamen?
c) Wie heißt Ihre Firma/Ihre Schule/Ihre Universität? Buchstabieren Sie das.
d) Wie heißt die Stadt, wo Sie wohnen? Buchstabieren Sie das.
e) Und Ihr Lehrer/Ihre Lehrerin?

Practise these German abbreviations:

f)	DB	Deutsche Bundesbahn	*German railways*
g)	EG	Europäische Gemeinschaft	*European Union*
h)	BRD	Bundesrepublik Deutschland	*Republic of Germany*
i)	ZDF	Zweites Deutsches Fernsehen	*TV*
j)	GmbH	Gesellschaft mit beschränkter Haftung	*equiv PLC*
k)	AG	Aktiengesellschaft	*Limited company*
l)	SPD	Sozialdemokratische Partei Deutschlands	*Social Democratic*
m)	FDP	Freie Demokratische Partei	*Liberal*
n)	CDU	Christlich-Demokratische Union	*Conservatives*
o)	ADAC	Allgemeiner Deutscher Automobil-Club	*A.A.*
p)	VW	Volkswagen	

6 What would you say if you wanted to:

   a) ask someone their name
   b) tell them you are pleased to meet them
   c) ask what job they do
   d) ask where they come from.

7 Study this information about Frank Lohmann:

   Frank ist Deutscher und wohnt in Köln. Frank arbeitet als Fahrer bei der Firma Schmidt-Möbel.

Now make up similar descriptions for these people:

Name	Beruf	Firma	Staatsangehörigkeit	Wohnort
Stefan	Elektroniker	Schmidt AG	Schweizer	Bern
Petra	Sekretärin	Deutsche Textilien GmbH	Österreicherin	Salzburg
Sabine	Telefonistin	Jung und Sohn GmbH	Deutsche	Kiel
Jürgen	Ingenieur	Schäfer-Autowerke AG	Deutscher	Mannheim

8 Listening comprehension

 You will hear a conversation between two businessmen who have met for the first time over lunch at a trade fair in Germany. Listen to what they say and then answer the following questions:

a) Where does Richard Hill live?
b) Where does he work?
c) What is his job?
d) What does Wilhelm Jaeger do?
e) Why is Richard Hill's German so good?

9 Reading

Study this information about Wolfgang Schüßler and Gudrun Schneider:

Ich heiße Wolfgang Schüßler. Ich bin Student in Berlin und bin noch ledig (unverheiratet). Ich studiere Architektur, aber ich arbeite auch als Taxifahrer. Meine Mutter und mein Vater sind auch in Berlin. Ich wohne also zu Hause.

Mein Name ist Gudrun Schneider. Ich komme aus der Schweiz, aber ich wohne jetzt in Deutschland. Ich bin verheiratet. Mein Mann heißt Karl und ist Deutscher. Wir haben ein Kind. Ich arbeite als Sekretärin bei Nord-chemikalien in Hamburg. Die Firma ist französisch. Ich spreche also oft Französisch in der Firma. Ich spreche aber auch Deutsch und lerne Englisch. Mein Mann arbeitet auch bei Nordchemikalien als Vertreter.

Now answer the following questions in German:

a) Hat Wolfgang eine Frau?   *Has yes or no in german.*
b) Arbeitet Wolfgang?
c) Wo wohnt er?
d) Ist er Architekt?
e) Wie heißt Gudruns Mann?
f) Ist Gudrun Deutsche?
g) Was ist Gudrun von Beruf?
h) Lernt Gudrun Französisch?

Summary

Useful phrases

1 Greeting people

Guten Morgen
Guten Tag
Es freut mich, Sie kennenzulernen

2 Introducing oneself and others

Ich heiße . . .
Mein Name ist . . .

3 Saying where someone comes from

Franzose / Französin

Ich komme aus . . .
Ich wohne in . . .
Ich bin Deutscher/Deutsche
   Österreicher/Österreicherin
   Schweizer/Schweizerin
   Amerikaner/Amerikanerin
   Australier/Australierin
   Engländer/Engländerin
   Ire/Irin
   Schotte/Schottin
   Waliser/Waliserin

4 Giving information about one's work

Ich bin Betriebsingenieur/ *engineer*
   Betriebsingenieurin
   Chefsekretärin
   Dolmetscher/Dolmetscherin
   Einkaufsleiter/Einkaufsleiterin
   Geschäftsführer/
   Geschäftsführerin

manager

[handwritten notes:]
Site Admin
lorry driver
Personell manager
Porter
Sales manager
Rep

I work as

Ich bin Lagerverwalter/Lagerverwalterin
Lkw-Fahrer/Lkw-Fahrerin
Personalchef/Personalchefin
Pförtner/Pförtnerin
Verkaufsleiter/Verkaufsleiterin
Vertreter/Vertreterin
Ich arbeite als Sekretärin
Taxifahrer/Taxifahrerin
Vertreter/Vertreterin
Ich arbeite bei der Firma . . .

5 Paying and receiving a compliment

Sie sprechen sehr gut Deutsch
Danke (schön)

6 Saying how often one has been
   somewhere

Ich bin zum ersten Mal hier
Er kommt oft nach England

7 Wishing someone a pleasant stay

Ich wünsche Ihnen einen guten Aufenthalt

Language forms

1 The present tense
a) Regular verbs

Take the *en* off the infinitive and add the endings.
kommen

[handwritten: Plural]

ich komm*e*   wir komm*en*
du komm*st* (familiar)   ihr komm*t* (familiar)
(Sie komm*en* (formal))   Sie komm*en* (formal)
er ⎫   sie komm*en*
sie ⎬ komm*t*
es ⎭

Other regular verbs: *lernen, freuen, wohnen*

Note the following forms when the stem ends with *t* or *d*:

erwarten

ich erwart*e*   wir erwart*en*
du erwart*est*   ihr erwart*et*
Sie erwart*en*   Sie erwart*en*
er ⎫   sie erwart*en*
sie ⎬ erwart*et*
es ⎭

Other similar verbs: *arbeiten, finden*

b) Irregular verbs

haben

ich habe	wir haben
du hast	ihr habt
Sie haben	Sie haben
er ⎫	sie haben
sie ⎬ hat	
es ⎭	

sein

ich bin	wir sind
du bist	ihr seid
Sie sind	Sie sind
er ⎫	sie sind
sie ⎬ ist	
es ⎭	

Note   *Sein* is followed by the nominative case.

2   The nominative case

The nominative case is used to express the subject of a verb.
   Herr Weidmann kommt oft nach England.

a) Definite article

	Masculine	Feminine	Neuter	Plural
Nominative	der	die	das	die

Der Sohn heißt Mark.
Die Tochter heißt Sara.

b) Indefinite article

	Masculine	Feminine	Neuter	Plural
Nominative	ein	eine	ein	—

3   Formulation of questions

a) Inversion of subject and verb
   Sind Sie zum ersten Mal in Manchester?

b) Statement followed by *oder?*
   Sie sind zum ersten Mal in Manchester, oder?

c) Statement followed by *nicht wahr?*
   Sie sind zum ersten Mal in Manchester, nicht wahr?

4   Negation

a) *Nein* followed by a statement
   Lernen Sie Deutsch hier in der Firma? Nein, meine Frau ist Deutsche.

b) *Nicht* before part of sentence to be negated
   Ich komme nicht aus Krefeld.

5 Articles before nationalities and professions

The article is omitted before nationalities and professions.
> Ich bin Engländer. Sind Sie Waliser?
> Ich bin Einkaufsleiter.

Endings vary depending on whether the noun is masculine or feminine.
> Mr Nicholls ist Engländer, Mrs Nicholls ist Engländerin.
> Herr Schmidt ist Deutscher, Frau Schmidt ist Deutsche.
> Herr Schneider ist Ingenieur, Frau Schneider ist Ingenieurin.

Likewise: *Student/Studentin, Einkaufsleiter/Einkaufsleiterin, Fahrer/Fahrerin, Franzose/Französin.*

Additional exercises

1 Insert the correct verb forms in the following sentences.

a) Was (sein) Sie von Beruf?
b) Wir (wohnen) in Manchester.
c) Ewald Weidmann (kommen) aus Neuß.
d) Die Sekretärin (rufen) Mr Newby.
e) Mr und Mrs Jones (sprechen) Deutsch.
f) Mr Newby (lernen) Deutsch.
g) Ich (sein) Engländer.
h) Ich (arbeiten) als Ingenieur.
i) Anneliese (sein) Studentin.
j) Mark (arbeiten) in London.

2 Complete the gaps in the sentences below with either *der*, *die* or *das*:

a) ＿＿ Geschäftsführer heißt Herr Newby.
b) ＿＿ Frau heißt Ingrid.
c) ＿＿ Engländer kommt aus London.
d) ＿＿ Sekretärin ist verheiratet.
e) ＿＿ Kind arbeitet zu Hause.

Kapitel 2

Wann fahren Sie?

The negotiations between Sasshofer AG and Anglia Chemicals plc were a great success, and a promising business relationship has begun. Very shortly after the visit of the Germans to England, Michael Newby is invited by his opposite number, Herbert Walter, to visit Sasshofer AG. The respective secretaries make the necessary arrangements on the telephone.

Telefonist:	Sasshofer AG. Guten Tag.
Andrea Morgan:	Guten Tag. Hier Anglia Chemicals. Ich möchte bitte Frau* Steiner sprechen.
Telefonist:	Augenblick bitte. Ich verbinde.
Frau Steiner:	Steiner. Guten Tag.
Andrea Morgan:	Guten Tag, Frau Steiner. Hier Andrea Morgan von der Firma Anglia Chemicals. Ich bin die Sekretärin vom Geschäftsführer, Mr Michael Newby.
Frau Steiner:	Ach ja. Mr Newby kommt bald zu Besuch, nicht wahr?
Andrea Morgan:	Ja richtig.
Frau Steiner:	Gut. Wann kommt Mr Newby nach Deutschland?
Andrea Morgan:	Er möchte am vierten Oktober kommen und drei Tage in Mönchengladbach bleiben. Geht das?
Frau Steiner:	Moment bitte . . . .

*It is normal business practice to call all women (from the age of about 18 onwards) *Frau* whether or not they are married.

14

(Frau Steiner has meanwhile checked in her diary and established that 4th October is convenient.)

Frau Steiner:	Ja, das geht. Soll ich ein Hotelzimmer für ihn reservieren?
Andrea Morgan:	Ein Einzelzimmer, bitte.
Frau Steiner:	Mit Bad oder Dusche?
Andrea Morgan:	Mit Bad, bitte.
Frau Steiner:	Fliegt er nach Düsseldorf?
Andrea Morgan:	Ja, er fliegt von Manchester ab. Er kommt um zehn Uhr am Flughafen an. Dann fährt er mit der Bahn weiter. Der Zug ist um halb zwölf in Mönchengladbach.
Frau Steiner:	Ja gut. Herr Walter holt ihn dann vom Bahnhof ab.
Andrea Morgan:	Danke für Ihre Hilfe.
Frau Steiner:	Gern geschehen. Auf Wiederhören.
Andrea Morgan:	Auf Wiederhören.

Practice

1 Listen to the following questions and answers and pick out the answer mentioned in each one. The first one has been done for you.

a) Wann kommt Herr Schmidt? Am 4. Mai
b) Wann fliegt Herr Johnson nach Deutschland?
c) Wann besuchen Sie die Firma Sasshofer?
d) Wann kommen Sie nach Düsseldorf?
e) Wann fährt Frau Young nach Mönchengladbach?
f) Wann kommen Sie zu Besuch?

2 Making arrangements

An English secretary telephones Switzerland to discuss the arrangements for her boss's forthcoming visit to the Maschinenfabrik Rieter AG in Winterthur. Take the part of the secretary.

Rieter AG:	Wann möchte Mr Hodgkins in die Schweiz kommen?
Sie:	*(Say he would like to come on 14th June and to stay in Winterthur for two days. Ask if that is possible.)*
Rieter AG:	Moment mal . . . Ja, das geht. Soll ich ein Hotelzimmer für ihn reservieren?
Sie:	*(Say yes please.)*

Rieter AG:	Ich empfehle das Hotel Reinhart. Da gibt es Einzel- und Doppelzimmer mit Bad oder mit Dusche. Was soll ich reservieren?
Sie:	(Say a single room with a bathroom.)
Rieter AG:	Fliegt Herr Hodgkins nach Zürich?
Sie:	(Say yes, he is flying from Manchester to Zürich and then continuing his journey by rail. He will arrive at the airport at 15.30.)

3 Here are the plans of some of the personnel of Sasshofer and Anglia Chemicals. Working in pairs, take the part of Frau Steiner or Andrea Morgan and answer each other's queries on staff arrangements.

Herr Schmidt's visit to Altrincham	Friday 4th November	Miss Thompson's visit to Germany	Wednesday 6th July
Mr Johnson's flight to Düsseldorf	Thursday 9th June	Frau Meyer's flight to England	Sunday 8th May
Mr Turner's visit to Sasshofer	Monday 1st February	Herr Weidmann's visit to England	Saturday 5th March

Example Wann kommt Herr Schmidt nach Altrincham? Am Freitag, dem vierten November.

a) Wann fliegt Mr Johnson nach Düsseldorf?
b) Wann besucht Mr Turner die Firma Sasshofer?
c) Wann kommt Miss Thompson nach Deutschland?
d) Wann fliegt Frau Meyer nach England?
e) Wann ist Herr Weidmann in England?

4 The arrangements for Mr Newby's visit are later confirmed by telex. Read the telex, then answer the questions.

> BESUCH VON MR M NEWBY. 4.–7. OKTOBER.
> ANKUNFT AM FLUGHAFEN 10.00 UHR.
> FLUG-NR. LH 322. HOTELRESERVIERUNG: HOTEL COENEN.
> EINZELZIMMER MIT BAD. 4.–7. OKTOBER.
> ERWARTE MR NEWBY AM MONTAG, 4. OKTOBER,
> UM 11.30 UHR.
> MFG STEINER

a) How is Mr Newby travelling to Düsseldorf?
b) At what time will he arrive there?
c) At what time will he arrive in Mönchengladbach?
d) What *two* things do we know about his hotel accommodation?

5 Ewald Weidmann, of Sasshofer AG, has arranged a meeting with some business colleagues. He wishes to check on their arrival times, and also on the arrangements of other members of the company. How will his secretary answer his questions?

Example Wann kommt Frau Scharf an? Um neun Uhr

a) Wann kommt Herr Zimmermann an?

b) Wann holen wir Hans-Jürgen Braun vom Bahnhof ab?

c) Wann kommt Frau Fischer zu Besuch? es ist halb zwölf

d) Wann erwarten Sie Mr Hodgkins?

e) Wann fährt Herr Schmidt nach Österreich?

f) Wann fliegt der Produktionsleiter nach England?

6 The table below outlines the travel plans of some of your colleagues who will be attending business meetings at your parent company in Germany. Using the information in the table, advise the parent company of their plans.

Example Doug Jones fliegt am Samstag nach Deutschland.

Doug Jones	fliegen	Samstag		Deutschland
Kate Wilson	fahren	Montag	Bahn	Heidelberg
Sue Evans und John Ward	ankommen	Dienstag		Flughafen
Mike Wood	fahren	Mittwoch	Bahn	Hamburg

7   These are the dates of some public holidays in all or some parts of Germany, Austria
and Switzerland.

Feiertag	Tag	Monat
Silvester	31	12
Tag der Arbeit	1	5
Weihnachten	25	12
Zweiter Weihnachtstag	26	12
Neujahr	1	1
Allerheiligen	1	11

Practise reading each date in German.

Example   Silvester ist am einunddreißigsten Dezember.

Some useful questions and answers:
- Der wievielte ist heute? Heute ist (der vierte Januar).
- Der wievielte ist morgen? Morgen ist (der fünfte Januar).
- Wann haben Sie Geburtstag? Am (zwanzigsten August).

8 Dictation

 Listen to the cassette and write down the dates as they are dictated to you.

9   a) You will be visiting Düsseldorf on business and need to reserve a hotel room.
Phone the *Hotel Bergerhof* and:
    i) specify the type of accommodation you will require (*Einzelzimmer,
    Doppelzimmer, Bad, Dusche*)
    ii) say on which day you will arrive
    iii) say how many days you will be staying
    iv) ask if these arrangements will be possible
    v) thank the telephonist for his/her help.
    b) You are a telephonist at the *Hotel Bergerhof* in Düsseldorf. You receive a call from
England. Ask the prospective visitor:
    i) what type of accommodation he requires
    ii) when he will be arriving
    iii) how long he will be staying.
    iv) Then tell the caller that these arrangements will be possible.
    v) Close the conversation.

10 Listening comprehension

You will hear a telephone conversation between two businessmen who are arranging to meet at the *Igedo Messe*, a fashion fair in Düsseldorf. Listen to what they say then answer the questions that follow.

a) When is the fair taking place?
b) How are the two men travelling to Düsseldorf?
c) From which cities and on which days are they leaving?
d) What will Herr Schneider be doing in Duisburg?
e) How is he getting to Düsseldorf on the Monday?
f) At what time will he arrive there?
g) Where will Herr Bauer be meeting him?

Igedo Messe

11

You want to meet a business acquaintance at a conference (*auf einer Tagung*) in Zürich. You phone him or her to make the necessary arrangements. What do you say to your acquaintance?

Sie: (Say you are going to the conference in Zürich on Friday. Ask if he or she is going too.)

Bekannte(r): Ja sicher.

Sie: (Ask when he or she is travelling.)

Bekannte(r): Ich fahre am Donnerstag mit der Bahn von Basel.

Sie: (Ask when his or her train arrives in Zürich.)

Bekannte(r):   Um halb zehn.

Sie: (Say you will meet him or her at the station. Say that your train from
                Winterthur arrives at half past eight.)

Bekannte(r):   Also gut. Bis Donnerstag.

Sie: (Say goodbye.)

12   Reading comprehension

Die Bundesrepublik Deutschland

Deutschland liegt mitten in Europa und hat 16 Länder (siehe Karte gegenüber). Seit
Juni 1991 ist Berlin die Hauptstadt. Das Parlament und die Regierung gehen
allmählich von Bonn nach Berlin. Berlin, Hamburg, Dresden, Leipzig und München
sind sehr große Städte. Für Touristen sind in Berlin das Brandenburger Tor, die
Gedächtniskirche und der Kurfürstendamm, die größte Straße, interessant.
Deutschland ist hoch industrialisiert und produziert zum Beispiel Computer,
Chemikalien und Autos. Leipzig ist eine Industriestadt und auch eine Messestadt.
Viele Geschäftsleute kommen nach Leipzig zur Messe.

Using the text you have just read, say whether the following statements are true or
false.

a) Berlin ist die Hauptstadt.   d) Leipzig ist industrialisiert.
b) Die Industrie ist nicht sehr wichtig.   e) Leipzig hat eine Messe.
c) Touristen kommen nach Berlin.   f) München ist eine Großstadt.

Das Brandenburger Tor

Bonn liegt am Rhein und ist als Touristenstadt sehr wichtig. Von Interesse in Bonn sind die Universität, der Dom und das Rathaus; auch interessant sind das Beethovenhaus und die Beethovenhalle (eine Konzerthalle). Bonn ist mit dem Auto, mit dem Zug, mit dem Flugzeug (über Flughafen Köln-Bonn) und sogar mit dem Dampfer auf dem Rhein gut erreichbar.

Answer the following questions:

g) Wo liegt Bonn?

h) Kommen Touristen nach Bonn?

i) Wohnen Studenten in Bonn?

j) Hat Bonn einen Bahnhof?

k) Wie heißt die Hauptstadt von Nordrhein–Westfalen? Und von Schleswig–Holstein?

Das Rathaus, Bonn

Summary

Useful phrases

1	Expressing a desire	Ich möchte bitte Frau Steiner sprechen
2	Asking someone to wait	Augenblick bitte
		Moment bitte
3	Enquiring/replying about possibility	Geht das?
		Ja, das geht
4	Thanking someone and responding to thanks	Danke für Ihre Hilfe
		Gern geschehen!
5	Enquiring about travel times	Wann kommt er nach Deutschland?
		Wann fahren Sie?
		Wann kommen Sie in Düsseldorf an?

6	Giving travel information	Er fliegt von Manchester nach Düsseldorf
		Er fährt mit der Bahn weiter
		Er kommt um neun Uhr am Flughafen an
		Ich fahre nächsten Montag nach Düsseldorf
		Ich fliege am Sonntag von München
		Um halb neun bin ich in Düsseldorf
7	Asking how someone is and replying	Wie geht es Ihnen?
		Danke gut, und Ihnen?
8	Arranging to meet	Ich hole Sie vom Bahnhof ab
		Bis dann!
9	Expressing confirmation	Also gut!
		Ganz bestimmt!
		Abgemacht!
10	Enquiring about accommodation arrangements	Soll ich ein Hotelzimmer reservieren?
11	Recommending something	Ich empfehle das Hotel Reinhart
12	Saying goodbye (on telephone)	Auf Wiederhören

Language forms

1 The future tense

There are two ways of expressing the future in German:

a) Use the ordinary present tense. This is the usual way of expressing the future; the future tense is used far less in German than in English.

Er *kommt* um zehn Uhr am Flughafen an.
Der Zug *ist* um halb zwölf in Mönchengladbach.

b) Use *werden* plus the infinitive of the verb. In this case, the infinitive goes to the end of the sentence.

Ich *werde* ein Hotelzimmer für Mr Newby *reservieren*.
Du *wirst* ein Hotelzimmer für Mr Newby *reservieren*.
Sie *werden* ein Hotelzimmer für Mr Newby *reservieren*.
Er
Sie } *wird* ein Hotelzimmer für Mr Newby *reservieren*.
Es

Wir *werden* ein Hotelzimmer für Mr Newby *reservieren*.
Ihr *werdet* ein Hotelzimmer für Mr Newby *reservieren*.
Sie *werden* ein Hotelzimmer für Mr Newby *reservieren*.
Sie *werden* ein Hotelzimmer für Mr Newby *reservieren*.

2 The accusative case
The accusative is used to express the direct object of a verb.
a) Definite article
For masculine articles there is a change of form; the feminine, neuter and plural articles remain unchanged.

	Masculine	Feminine	Neuter	Plural
Accusative	den	die	das	die

Soll ich *das* Hotelzimmer reservieren?

b) Indefinite article
The masculine article changes; the feminine and neuter articles remain unchanged.

	Masculine	Feminine	Neuter	Plural
Accusative	einen	eine	ein	—

David Jones hat *einen* Sohn.
David Jones hat auch *eine* Tochter.

c) Prepositions
Für, durch, gegen, ohne, um and *wider* are always followed by the accusative case.

Die Sekretärin reserviert ein Hotelzimmer für *den* Geschäftsführer.

3 The dative case
The dative is used to express the indirect object of a verb.

Ich wünsche *Ihnen* einen guten Aufenthalt.

(See also chapter 3, page 39.)

Nouns in the dative plural add an *n* unless the plural already ends in *n* or *s*.

den Sekretärinnen
den Hotels
den Männern

a) Definite article
The following changes occur:

	Masculine	Feminine	Neuter	Plural
Dative	dem	der	dem	den

b) Indefinite article
The following changes occur:

	Masculine	Feminine	Neuter	Plural
Dative	einem	einer	einem	—

c) Prepositions
Aus, bei, gegenüber, mit, nach, seit, von and *zu* are always followed by the dative.

Hier Andrea Morgan von *der* Firma Anglia Chemicals.
Ich bin die Sekretärin *vom (von dem)* Geschäftsführer.
Ich fahre nach Düsseldorf *zur (zu der)* Messe.
Note other contracted forms: *beim (bei dem), zum (zu dem)*.

verb second place in sentence (handwritten)

4 Word order

a) One verb in a sentence

The verb stands as the second idea in a sentence.

Mr Newby *kommt* bald zu Besuch.

Hier *kommt* Mr Newby.

Um halb neun *bin* ich in Düsseldorf.

b) Two verbs in a sentence

If there are two verbs in a sentence, the second goes to the end of the sentence.

Wann *möchte* Mr Newby nach Deutschland *fliegen?*

Ich *will* ein Hotelzimmer *reservieren.*

c) Separable verbs

These are verbs with prefixes such as *ab, an, auf, aus, mit, nach* and *zu.*

In sentences with just a separable verb, the prefix separates from the verb and goes to the end of the sentence.

prefix (handwritten)

Abholen: Er *holt* Sie vom Bahnhof *ab.*

Ankommen: Er *kommt* um neun Uhr am Flughafen *an.*

d) The time-manner-place rule

The order of facts in German sentences is as follows: time, manner, place, i.e. in answer to the questions when? how? where?

Ich fahre am Donnerstag mit der Bahn von Basel.

5 Possessive adjectives

mein – my   unser – our
dein – your (familiar)   euer – your (familiar)
Ihr   – your (formal)   Ihr   – your (formal)
sein – his, its   ihr   – their
ihr   – her, its

After prepositions possessive adjectives change in the same way as the indefinite article.

Ich will ein Zimmer für *unsere* Verkaufsleiterin reservieren.

Die Sekretärin reserviert ein Zimmer für *ihren* Geschäftsführer.

6 Numerals 0–100

Cardinal numbers	Ordinal numbers	Cardinal numbers	Ordinal numbers
0 Null			
1 eins	1st erste	5 fünf	5th fünfte
2 zwei	2nd zweite	6 sechs	6th sechste
3 drei	3rd dritte	7 sieben	7th siebte
4 vier	4th vierte	8 acht	8th achte

Cardinal numbers	Ordinal numbers	Cardinal numbers	Ordinal numbers
9 neun	9th neunte	20 zwanzig	20th zwanzig*ste*
10 zehn	10th zehnte	21 einundzwanzig	21st einundzwanzig*ste*
11 elf	11th elfte	30 dreißig	30th dreißig*ste*
12 zwölf	12th zwölfte	40 vierzig	40th vierzig*ste*
13 dreizehn	13th dreizehnte	50 fünfzig	50th fünfzig*ste*
14 vierzehn	14th vierzehnte	60 sechzig	60th sechzig*ste*
15 fünfzehn	15th fünfzehnte	70 siebzig	70th siebzig*ste*
16 sechzehn	16th sechzehnte	80 achtzig	80th achtzig*ste*
17 siebzehn	17th siebzehnte	90 neunzig	90th neunzig*ste*
18 achtzehn	18th achtzehnte	100 hundert	100th (ein)hundert*ste*
19 neunzehn	19th neunzehnte		

7 The date

Days of the week

Montag – Monday
Dienstag – Tuesday
Mittwoch – Wednesday
Donnerstag – Thursday
Freitag – Friday
Samstag (or Sonnabend in northern Germany) – Saturday
Sonntag – Sunday

am Montag – on Monday
am Dienstag – on Tuesday

Months of the year

Januar – January	Juli – July	*Note* In Austria:
Februar – February	August – August	Jänner – January
März – March	September – September	Feber – February
April – April	Oktober – October	
Mai – May	November – November	
Juni – June	Dezember – December	

im März – in March
im April – in April
der erste Mai – 1st May
der zweite Mai – 2nd May
am ersten Mai – on 1st May
am zweiten Mai – on 2nd May
Note the abbreviated forms:
der 6. Mai – 6th May
am 17. Mai – on 17th May

8 The time

Wie spät ist es?/Wieviel Uhr ist es? What time is it?

a) On the hour

Es ist ein Uhr/zwei Uhr/drei Uhr/vier Uhr

It is one/two/three/four o'clock

b) Past the hour

Es ist ein Uhr fünf/zehn/fünfzehn/zwanzig

It is five/ten/quarter/twenty past one

or

Es ist fünf/zehn/Viertel/zwanzig nach eins

It is five/ten/quarter/twenty past one

Es ist halb zwei

It is half past one

Note The Germans say it is a half *towards* two.

c) Towards the hour

Es ist fünf/zehn/Viertel/zwanzig vor eins

It is five/ten/quarter/twenty to one

or

Es ist zwölf Uhr fünfunddreißig/vierzig

It is twenty five/twenty to one

Additional exercises

1 Complete the following sentences, using the following separable verbs: *abfliegen, abholen, ankommen* and *weiterfahren*.

a) Ich _____ Sie vom Bahnhof _____.

b) Wir _____ um fünf Uhr _____.

c) _____ Sie von München _____?

d) Wir _____ am 10. Mai _____ und _____ am 12. Mai _____.

e) _____ Sie Frau Kohl vom Flughafen _____?

f) Wann _____ sie am Flughafen _____?

g) Der Geschäftsführer _____ von London _____.

2 Complete these sentences with the correct form of the definite article or the contracted form of the article and preposition (for example *zur*).

a) Herr Schmidt kommt zu d___ Messe.

b) Frau Schneider ist die Sekretärin von d___ Geschäftsführer.

c) Ingrid kommt um 11.00 zu d___ Bahnhof.

d) Mr Newby fährt mit d___ Bahn nach Mönchengladbach.

e) Danke für d___ Papiere.

f) Ich arbeite für d___ Verkehrsbüro.

Kapitel 3

Unterwegs

Michael Newby flies from Manchester to Düsseldorf. On arrival at the airport he asks the way to the station so that he can catch a train to Düsseldorf main station.

Newby:	Entschuldigen Sie, bitte. Ich will vom Flughafen zum Hauptbahnhof. Wo fährt die S-Bahn ab?
Angestellte:	Dort drüben ist die Rolltreppe zur S-Bahn.
Newby:	Danke schön.
Angestellte:	Bitte schön.

(An der S-Bahn Station)

Newby:	Wann fährt denn der nächste Zug zum Hauptbahnhof?
Beamter:	Um elf Uhr dreiundzwanzig von Gleis eins. Er kommt um elf Uhr fünfunddreißig am Hauptbahnhof an.
Newby:	Was kostet das?
Beamter:	Eine Mark achtzig. Die Fahrkarte bekommen Sie vom Automaten dort drüben.
Newby:	Vielen Dank.
Beamter:	Bitte schön.

Practice

1 Asking the way

You have just landed at Düsseldorf airport. You need to get from the airport to Düsseldorf main station. You do not know where the station is, so you enquire at the information desk. What do you say in German?

Sie:	(Say 'excuse me' and ask where the trains to the main station run from.)
Angestellte:	Dort drüben ist die Rolltreppe zur S-Bahn.
Sie:	(Thank the person for this information.)
Angestellte:	Bitte schön.
	(*You take the escalator to the station, then find an official who gives you further instructions.*)
Sie:	(Ask when the next train goes to the main station.)
Beamter:	Um dreizehn Uhr zwanzig von Gleis eins. Er kommt um dreizehn Uhr dreiunddreißig an.
Sie:	(Ask how much it costs.)
Beamter:	Eine Mark achtzig. Die Fahrkarte bekommen Sie dort drüben.
Sie:	(Thank the clerk.)
Beamter:	Bitte schön.

Information

Für die U-Bahn (*underground train*) und die
S-Bahn (*local train*) kaufen Sie Ihre
Fahrkarte normalerweise vom Automaten.
Dann müssen Sie die Fahrkarte entwerten,
bevor Sie in die Bahn einsteigen. Der
Entwerter stempelt das Datum und die
Uhrzeit auf die Fahrkarte.

Am Fahrkartenschalter

1 While travelling through Germany, a holidaymaker decides to visit Rothenburg. This is part of his conversation at Munich main station.

Reisende: Einmal nach Rothenburg, bitte.
Beamter: Einfach oder hin und zurück?
Reisende: Hin und zurück.
Beamter: Erster oder zweiter Klasse?
Reisende: Zweiter Klasse.
Beamter: Zweiundsiebzig Mark, bitte.
Reisende: Können Sie wechseln? Ich habe nur einen Fünfhundertmarkschein.

Practice

1 Answer these questions about the conversation on page 30.

  a) Kauft der Reisende eine oder zwei Fahrkarten?
  b) Fährt er erster oder zweiter Klasse?
  c) Was kostet seine Fahrkarte?
  d) Warum muß der Beamte wechseln?
  e) Wieviel Geld bekommt der Reisende zurück?

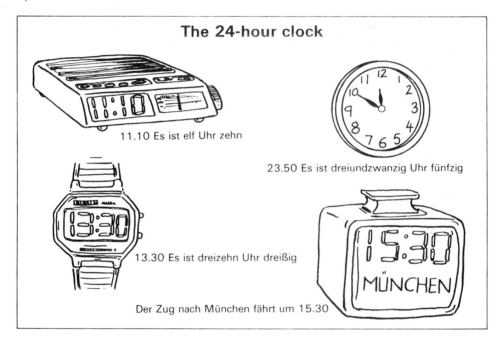

The 24-hour clock

11.10 Es ist elf Uhr zehn

23.50 Es ist dreiundzwanzig Uhr fünfzig

13.30 Es ist dreizehn Uhr dreißig

Der Zug nach München fährt um 15.30

2 Express the following numbers in German:

  a) 17
  b) 25
  c) 96
  d) 88
  e) 49

  f) 35
  g) 27
  h) 74
  i) 51
  j) 63

3 Dictation

Listen to the cassette and write down the telephone numbers as they are dictated to you.

4 Asking for information

Get together with a partner, and using the following table make up conversations along the lines of the example below.

Richtung	Abfahrt	Gleis	Ankunft
München	07.30	2	10.20
Hannover	09.45	3	13.10
Lübeck	11.24	6	16.56
Ludwigshafen	18.12	4	21.35
Bonn	15.39	1	22.16

Example

- Wann fährt der nächste Zug nach München bitte?
- Um sieben Uhr dreißig von Gleis zwei.
- Und wann kommt er in München an?
- Um zehn Uhr zwanzig.

5 Buying train tickets

Use the following table to make up conversations along the lines of the example below.

Richtung	Preis	Fahrt	Wieviele	Klasse
Köln	DM5,—	→	2	2
Hauptbahnhof	DM20,—	→	2	1
Nürnberg	DM34,26	⇄	1	1
Mannheim	DM69,35	⇄	3	2
Hamburg	DM17,50	→	1	2

- Zweimal nach Köln. Was kostet es bitte?
- Einfach oder hin und zurück?
- Einfach.

- ■ Erster oder zweiter Klasse?
- ● Zweiter Klasse.
- ■ Zehn Mark bitte.

Hauptbahnhof, Frankfurt

Am Bahnhof

 Liz Young, a translator working in Germany, goes to the information desk at Frankfurt main station to enquire about trains to Aachen.

Übersetzerin:	Wann fährt der nächste Zug nach Aachen?
Angestellter:	Um elf Uhr siebenundvierzig.
Übersetzerin:	Fährt der Zug direkt nach Aachen?
Angestellter:	Nein, Sie müssen in Köln umsteigen.
Übersetzerin:	Wann kommt der Zug in Köln an?
Angestellter:	Um vierzehn Uhr. Um vierzehn Uhr acht fahren Sie dann von Köln nach Aachen weiter.
Übersetzerin:	Und wann bin ich in Aachen?
Angestellter:	Um fünfzehn Uhr drei.
Übersetzerin:	Von welchem Gleis fährt der Zug nach Köln?
Angestellter:	Von Gleis zwei.
Übersetzerin:	Ich danke Ihnen für die Auskunft.
Angestellter:	Gern geschehen.

Practice

1 Buying a ticket

You are going to a business conference in Berlin and you need to get a train ticket from Frankfurt to Berlin. What do you say in German?

Sie: (Ask when the next train to Berlin leaves.)
Angestellter: Um neun Uhr dreiundzwanzig.
Sie: (Ask if it is a direct train.)
Angestellter: Nein, Sie müssen in Hannover umsteigen.
Sie: (Ask when the train arrives in Hannover.)
Angestellter: Um zwölf Uhr achtunddreißig. Um dreizehn Uhr vier fahren Sie
                   dann von Hannover nach Berlin weiter.
Sie: (Ask when you will get to Berlin.)
Angestellter: Um siebzehn Uhr vierundzwanzig.
Sie: (Ask which platform the Hannover train leaves from.)
Angestellter: Von Gleis drei.
Sie: (Say thank you for the information.)
Angestellter: Nichts zu danken.

                   (*You then make your way to the ticket counter.*)

Sie: (Ask for one ticket to Berlin.)
Beamter: Einfach oder hin und zurück?
Sie: (Ask for a second-class return ticket.)
Beamter: Zweihundert Mark, bitte.

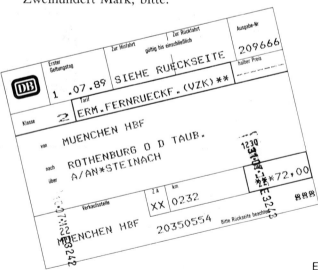

Eine Rückfahrkarte

2 Listening comprehension

Listen to the four dialogues on cassette and then complete the table below. The first line has been filled in for you.

Change

Gespräch	Zielort	Abfahrt	Gleis	Umsteigen	Ankunft in Zielort
1	Frankfurt	8.30	4	Stuttgart	11.45
2	Basel	10.25	2	direct	13.08
3	heidelberg	12.45	7	Mannheim	22.15
4	Bonn	13.37	5	Frankfurt	16.50

EXAM LEARN Time

Information

Der Fahrausweisautomat – Bedienungsanleitung

1 Wählen

Für Reisen bis 60 Kilometer benutzen Sie den Automaten. Die Zielbahnhöfe stehen alphabetisch auf einer Liste. Wählen Sie zuerst Ihr Ziel. Neben dem Ziel ist eine Tastatur. Drücken Sie dann die Taste von Ihrem Zielbahnhof.

2 Zahlen

Der Fahrpreis erscheint oberhalb der Tastenreihe. Unterhalb des Fahrpreises ist der Münzeinwurf. Werfen Sie das Geld dort ein (also zahlen).

3 Nehmen

Der Automat funktioniert schnell und einfach. Innerhalb von zwei Sekunden erhalten Sie dann Ihren Fahrausweis.

---

3 A visitor to Germany uses a ticket machine for the first time. Read the following account, then re-tell it in the third person.

Ich bin in Deutschland und will eine Fahrkarte von Düsseldorf nach Mönchengladbach lösen. Ich muß den Automaten benutzen, aber es ist nicht einfach, und ein Beamter muß mir helfen. Ich drücke die Taste für Mönchengladbach. Dann werfe ich den Fahrpreis ein und erhalte den Fahrausweis. Ich entwerte den Fahrausweis, bevor ich in die Bahn einsteige.

4 At the station in Frankfurt you are approached by someone who has forgotten his glasses and asks you to decipher the timetable. Answer his questions:

a) Ich fahre um 07.47 nach Düsseldorf. Kann ich direkt fahren, oder muß ich umsteigen?

b) Ist das ein D-Zug?

c) Wann komme ich in Düsseldorf an?

Make up similar conversations using the example and the timetable.

Fahrplanauszug

Winter

Frankfurt(M) → Düsseldorf — 264 Km

Verkehrszeiten	ab	Zug	an	Service	Umsteigen in	an	ab	Zug
Sa, So- u Feiertage	0.42	Ⓢ	5.30		Mainz	1.19	2.30	D218
					Köln	4.32	4.56	E5001
werktags außer Sa, nicht 24., 31.XII.	0.42	Ⓢ	5.35		Mainz	1.19	2.30	D218
					Köln	4.32	5.03	E5003
Mo bis Sa, nicht 25.XII. bis 3.I., 2. bis 4.IV., 23.V.	0.42	Ⓢ	5.59		Mainz	1.19	2.30	D218
					Köln	4.32	5.35	*IC*633
	0.42	Ⓢ	7.44		Mainz	1.19	2.30	D218
					Köln	4.32	5.00	N3101
					Hagen	6.36	6.48	E3172
	4.39	D824	8.05 ⟐					
	6.49	*IC*631	9.34					
	7.26	D222	10.15 ⟐					
	7.47	*IC*668	10.28		Köln	10.00	10.04	*IC*518
Mo bis Sa, nicht 25.XII. bis 3.I., 2. bis 4.IV., 23.V.	7.49	*IC*639	10.34					
	8.47	*IC*666	11.28		Köln	11.00	11.04	*IC*500
	8.49	*EC*31	11.34					
	9.14	D2020	12.34		Kobl	10.56	11.03	*IC*616
					Köln	11.54	12.10	*IC*608
	9.14	D2020	13.03					
Mo bis Sa, auch 17.IV., nicht 25.XII. bis 3.I., 2. bis 4.IV., 23.V.	9.47	*IC*526	12.28					
Mo bis Sa, nicht 25.XII. bis 3.I., 2. bis 4.IV., 23.V.	9.49	*IC*608	12.34					
	10.47	*IC*664	13.28		Köln	13.00	13.04	*IC*516
Mo bis Sa, nicht 25.XII. bis 3.I., 2. bis 4.IV., 23.V.	10.49	*IC*606	13.34					
Mo bis Sa, nicht 25.XII. bis 3.I., 2. bis 4.IV., 23.V.	11.47	*IC*524	14.28					
	11.49	*IC*531	14.34					
	12.47	*IC*628	15.28		Köln	15.00	15.04	*EC*8
	12.49	*IC*602	15.34					
	13.47	*EC*26	16.28					
	13.49	*IC*600	16.34					
	14.47	*IC*522	17.28					

5 Reading comprehension

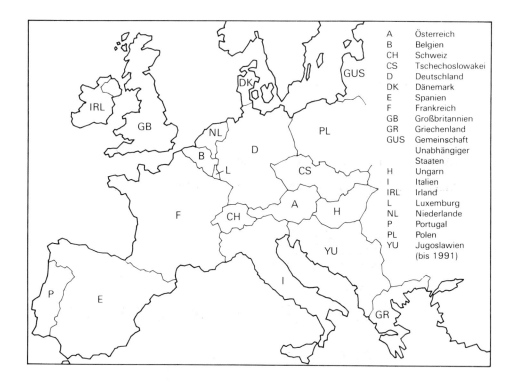

A	Österreich
B	Belgien
CH	Schweiz
CS	Tschechoslowakei
D	Deutschland
DK	Dänemark
E	Spanien
F	Frankreich
GB	Großbritannien
GR	Griechenland
GUS	Gemeinschaft Unabhängiger Staaten
H	Ungarn
I	Italien
IRL	Irland
L	Luxemburg
NL	Niederlande
P	Portugal
PL	Polen
YU	Jugoslawien (bis 1991)

Der deutsche Sprachraum

Man spricht Deutsch in der Bundesrepublik Deutschland, in Österreich und in der Schweiz. Das sind drei Nachbarländer. Die Hauptstädte dieser Länder sind Berlin, Wien und Bern.

Die Bundesrepublik ist ein sehr wichtiger Handelspartner von Großbritannien. Die Hauptexporte sind Autos, Chemikalien und Maschinen. Die Bundesrepublik ist Mitglied der Europäischen Gemeinschaft (EG) und treibt großen Handel mit den anderen EG-Ländern: Großbritannien, Irland, Belgien, Dänemark, Frankreich, Griechenland, Holland, Italien, Luxemburg, Portugal und Spanien. Großbritannien importiert auch Güter aus Österreich und der Schweiz, zum Beispiel Stahl und Lebensmittel. Deutschland sucht jetzt neue Handelspartner in Osteuropa sowie im Westen.

Complete these sentences with information from the text.

a) Die Hauptstadt der Bundesrepublik heißt _____.

b) In Österreich spricht man _____.

c) Bern ist in _____.

d) Großbritannien importiert _____ aus der Bundesrepublik.

Summary

Useful phrases

1	Enquiring about train times	Wann fährt der nächste Zug nach/zum/zur . . . ? Wann kommt der Zug in/an . . . an?
2	Asking if you have to change	Muß ich umsteigen? Fährt der Zug direkt nach . . .?
3	Enquiring about platforms	Von welchem Gleis fährt der Zug nach . . . ?
4	Enquiring about cost	Was kostet das?
5	Buying tickets	Einmal/zweimal/dreimal nach . . . Einmal einfach Einmal hin und zurück Erster/zweiter Klasse
6	Asking for change	Können Sie bitte wechseln?
7	Saying 'you are welcome'	Bitte schön Gern geschehen Nichts zu danken

Language forms

1 Modal verbs

müssen	*können*	*wollen*
ich muß	ich kann	ich will
du mußt	du kannst	du willst
Sie müssen	Sie können	Sie wollen
er ⎫	er ⎫	er ⎫
sie ⎬ muß	sie ⎬ kann	sie ⎬ will
es ⎭	es ⎭	es ⎭
wir müssen	wir können	wir wollen
ihr müßt	ihr könnt	ihr wollt
Sie müßen	Sie können	Sie wollen
sie müssen	sie können	sie wollen

2 The genitive case

The genitive case is often used to show possession.

Masculine and neuter nouns of one syllable or those ending in *s* generally add *es* in the genitive singular; nouns of more than one syllable add *s*.

Note also the use of *s* to indicate possession.

Gudrun*s* Mann

Wolfgang*s* Eltern

Herrn Paternolli*s* Visitenkarte

a) Definite article

The following changes occur:

	Masculine	Feminine	Neuter	Plural
Genitive	des	der	des	der

Die Bundesrepublik ist Mitglied *der* EG.

b) Indefinite article

The following changes occur:

	Masculine	Feminine	Neuter	Plural
Genitive	eines	einer	eines	—

c) Prepositions

Unterhalb, oberhalb, außerhalb, innerhalb, während and *wegen* are some of the prepositions followed by the genitive.

Der Fahrpreis erscheint oberhalb *der* Tastenreihe.

Unterhalb *des* Fahrpreise*s* ist der Münzeinwurf.

Innerhalb zwei Sekunden erhalten Sie Ihren Fahrausweis.

3 The dative case

a) The dative case is used to express the indirect object.

Der Reisende gibt *dem* Beamten einen Fünfhundertmarkschein.

b) Some verbs are followed by the dative, for example *helfen* and *danken*.

Können Sie *mir* bitte helfen?

Ich danke *Ihnen*.

4 Résumé of definite and indefinite articles

	Masculine	Feminine	Neuter	Plural
Nominative	der	die	das	die
Accusative	den	die	das	die
Genitive	des + s	der	des + s	der
Dative	dem	der	dem	den

	Masculine	Feminine	Neuter	Plural
Nominative	ein	eine	ein	—
Accusative	einen	eine	ein	—
Genitive	eines	einer	eines	—
Dative	einem	einer	einem	—

5 Interrogatives

Wann kommt der Zug an?	When . . . ?
Was kostet es?	What . . . ?
Wie geht es Ihnen?	How . . . ?
Wo ist die S-Bahn?	Where . . . ?
Woher kommen Sie?	Where . . . from?
Wieviel Geld bekommt der Reisende?	How much . . .?

6 Personal pronouns

Nominative	Accusative	Dative
ich	mich	mir
du	dich	dir
er	ihn	ihm
sie	sie	ihr
es	es	ihm
man	einen	einem
wir	uns	uns
ihr	euch	euch
Sie	Sie	Ihnen
sie	sie	ihnen

Mr Newby erwartet *Sie*.
Ich danke *ihm*.
Ich hole *ihn* vom Bahnhof ab.

7 Weak nouns

Masculine weak nouns add *n* (or sometimes *en*) in all cases except the nominative singular.

Benutzen Sie den Fahrausweisautoma*ten*.

Additional exercises

1 Insert the correct form of *müssen*, *können*, or *wollen* in the following sentences.

a) Fährt der Zug direkt, oder (müssen) ich umsteigen? Sie (müssen) umsteigen.
b) Entschuldigen Sie. Wo (können) ich eine Fahrkarte kaufen?
c) Ich (wollen) nach Bremen fahren.
d) (Wollen) Sie zum Hauptbahnhof?
e) (Können) Mr Newby direkt nach London fliegen, oder (müssen) er umsteigen?
f) Frau Meyer (müssen) nach England fliegen.
g) Wir (wollen) Deutsch sprechen.
h) (Müssen) ich ein Hotelzimmer reservieren?

2 Complete the gaps in the following sentences with the correct form of the definite article.

a) Wie heißt der Geschäftsführer ____ Firma?
b) Der Geschäftsführer ____ Firma heißt Herr Newby.
c) Der Preis ____ Fahrausweises ist DM2,—.
d) Ich möchte die Sehenswürdigkeiten ____ Umgebung besichtigen.
e) Die Sekretärin ____ Geschäftsführers heißt Frau Morgan.
f) Die Namen ____ Kinder sind Lotte und Jürgen.

Kapitel 4

Unterkunft in Deutschland

Am Empfang

 On arrival at the *Hotel Coenen* Michael Newby deals with the registration formalities at the reception desk.

Empfangsdame:	Guten Tag, mein Herr.
Newby:	Guten Tag. Ich habe ein Zimmer reserviert.
Empfangsdame:	Ihr Name bitte?
Newby:	Ich heiße Michael Newby.
Empfangsdame:	Ach ja, Sie sind auf Geschäftsreise von der Firma Anglia Chemicals, nicht wahr?
Newby:	Ja, stimmt. Ich bin Geschäftsführer der Firma Anglia Chemicals.
Empfangsdame:	Bitte füllen Sie diese Seite des Anmelde-formulars aus, Herr Newby.

Newby: Selbstverständlich. Also, Tag meiner Ankunft ... der vierte Oktober.

Empfangsdame: So, Zimmer Nummer neun – Einzelzimmer mit Bad im ersten Stock. Hier ist Ihr Schlüssel. Es ist sehr schön. Einen Fahrstuhl haben wir auch. Er ist gleich um die Ecke. Wir bringen Ihr Gepäck nach oben, wenn Sie wollen.

Newby: Danke, das geht schon.

Practice

1 Answer these questions on Mr Newby's arrival at the hotel.
  a) After giving his name, what is Newby asked to do?
  b) Where is his room situated?
  c) What does the receptionist point him to?
  d) Where will he find this?
  e) What does he decline?

2 Registering at a hotel

You have just arrived at the reception desk of a hotel in Frankfurt. What do you say in German?

Empfangsdame:	Guten Tag, mein Herr/gnädige Frau.
Sie:	(Greet the receptionist and say you have reserved a single room with a bath.)
Empfangsdame:	Ihr Name, bitte?
Sie:	(Give your name.)
Empfangsdame:	Ach ja, Sie kommen aus England, nicht wahr?
Sie:	(Say that yes, you do.)
Empfangsdame:	Bitte füllen Sie dieses Anmeldeformular aus, Herr/Frau . . .
Sie:	(Say yes, of course you will. Ask what number your room is.)
Empfangsdame:	Also, Zimmer Nummer dreiundvierzig im dritten Stock.
Sie:	(Ask where the lift is.)
Empfangsdame:	Er ist da drüben, sehen Sie? Wir bringen Ihr Gepäck nach oben, wenn Sie wollen.
Sie:	(Say thank you, but you can manage.)

3 Listening comprehension

Listen to the passage about the visitor to the Arabella Hotel in Duisburg, then fill in the registration form on his behalf.

Anmeldeformular

Name _____

Vorname _____

Staatsangehörigkeit _____

Straße _____

Wohnort _____

Paß-Nr _____

Ankunft _____   Abreise _____

Zimmer-Nr _____

Firma _____

Unterschrift _____

Handwritten margin notes:
Surname
for names
state
Street
where you live
Passport
Arrival
Room number
firm
To Sign

Abreise — *departure*

Im Gasthof Lehen

Herr König and his family are on a touring holiday in the Austrian Tyrol. They stop at the *Gasthof Lehen* which features in the list of local hotels (*Zimmernachweis*). They would like to spend three nights there.

Herr König: Guten Tag. Haben Sie noch Zimmer frei?

Inhaber: Für wieviele Personen?

Herr König: Für zwei Erwachsene und zwei Kinder. Ich möchte ein Doppelzimmer und zwei Einzelzimmer für drei Nächte.

Inhaber: Ja, das geht.

Herr König: Haben Sie Zimmer mit Bad?

Inhaber: Nein, Zimmer mit Bad haben wir nicht, nur mit Dusche. Auch mit

Herr König:	Fernsehen und Balkon, wenn Sie wollen. Alle Zimmer sind schön. Gut. Ihr Gasthof hat ja eine herrliche Aussicht auf die Berge. Die ist wirklich sehr schön. Ich finde es hier sehr angenehm.

(*He then discusses with the* Inhaber *whether he requires full or half-board, when meals are served, and the hotel's charges.*)

Inhaber:	Möchten Sie Voll- oder Halbpension?
Herr König:	Lieber Halbpension. Tagsüber möchten wir die Sehenswürdigkeiten der Umgebung besichtigen. Wann gibt es Frühstück und Abendessen?
Inhaber:	Frühstuck ab sieben Uhr, Abendessen gibt es um halb sieben.
Herr König:	Was kostet Halbpension?
Inhaber:	Für die Erwachsenen zweihundertvierzig Schilling, für die Kinder ist es billiger, hundertsiebzig Schilling pro Nacht.
Herr König:	Können wir die Zimmer sehen?
Inhaber:	Ja, gern. Kommen Sie bitte mit . . .
Herr König:	Die Zimmer sind prima. Die nehmen wir.

Practice

1 Complete the phrases in column A with an appropriate phrase from column B, according to the information in the dialogue:

Column A	*Column B*
Man kann	die Familie nicht.
Die Zimmer haben	zwei Einzelzimmer.
Für ein Kind kostet	wenn man will.
Für die Kinder gibt es	die Berge sehen.
Der Vater und die Mutter möchten	ein Zimmer mit Halbpension 170 Schilling.
Fernsehen und Balkon kann man auch haben,	ein Doppelzimmer.
Vollpension möchte	Frühstück um 07.00 bekommen.
Vom Gasthof kann man	Dusche.

2   Use the symbols below to complete the dialogues.

Personen	Zimmer	Mit Bad oder Dusche?	Nächte
a)			4
b)			5
c)			2

a) Empfangsdame: Guten Tag, gnädige Frau.
　　　Dame:

　　　Empfangsdame: Ein Einzelzimmer? Ja. Für wieviele Nächte bitte?
　　　Dame:

　　　Empfangsdame: Mit Bad oder Dusche?
　　　Dame:

　　　Empfangsdame: Also, Nummer sechzehn ist noch frei.
　　　Dame:

b) Empfangsdame: Guten Tag, bitte schön?
　　　Herr:

　　　Empfangsdame: Ja. Möchten Sie ein Doppelzimmer?
　　　Herr:

　　　Empfangsdame: Für wieviele Nächte?
　　　Herr:

　　　Empfangsdame: Möchten Sie ein Zimmer mit Bad oder Dusche?
　　　Herr:

c) Empfangsdame: Guten Abend.
　　　Herr:

　　　Empfangsdame: Ja, für wieviele Personen?
　　　Herr:

　　　Empfangsdame: Also, ein Doppelzimmer und . . . ?
　　　Herr:

　　　Empfangsdame: Und möchten Sie auch Bad oder Dusche?
　　　Herr:

　　　Empfangsdame: Für wieviele Nächte bitte?
　　　Herr:

3 What would you say if you wanted to:

  a) ask if there are any rooms free
  b) reserve a double room for two nights
  c) ask when breakfast is
  d) ask for a single room with a shower.

4 You work at a tourist office. A German client is making preliminary enquiries about a hotel before booking a room. Complete the gaps with the appropriate pronoun.

  Example Ist das Zimmer noch frei?   Ja, *es* ist noch frei.

  Wie ist das Hotel?   ____ ist klein, sehr ruhig und liegt am Stadtrand.

  Hat das Hotel einen Parkplatz?   Ja, und ____ hat auch eine Garage.
  Was kostet die Garage?   ____ kostet DM 6 pro Nacht.
  Hat man eine gute Aussicht vom   Ja, ____ ist ganz wunderbar.
  Hotel?
  Hat das Hotel einen Garten?   Ja, ____ ist sehr schön und auch sonnig.

5 On your desk you find the following note from your head of department.

> PLEASE phone Hotel Kaiserhof, Munich, and book a single room with a shower for Ken Williams (the sales manager) for three nights. He will be flying to Germany on 20 March.

Get together with a partner and make up a suitable conversation, one taking the part of yourself, the other of the receptionist at the *Hotel Kaiserhof*.

6 Your company plans to hold a residential conference in South Germany for 30 guests in order to promote a new product. You have been entrusted with the task of finding a suitable hotel at which to stage the conference. After much inquiry and consultation you draw up a shortlist of the three shown on this page.

Hotel Restaurant Adler
Heiligenbergerstraße 20
7798 Pfullendorf
OBERER LINZGAU
Telefon: 0 75 52 / 80 54
Besitzer: Willi Nusser

48 Betten
alle Zimmer mit Bad/Dusche, WC,
Telefon, teilweise Radio und TV
Übernachtung mit Frühstück pro Person
Einzelzimmer von DM 60.– bis DM 65.–
Doppelzimmer von DM 115.– bis DM 125.–,
Frühstücksbüfett,
warme Küche von 11.30 Uhr bis 14.00 Uhr und 18.00
bis 22.00 Uhr
Parkplätze, Garagen
4 Galsträume für 15 bis 90 Personen
Bauernstube, Konferenzräume
kein Ruhetag

Hotel Central
an der Freiheitshalle
Kulmbacher Straße
8670 Hof
OBERFRANKEN
Tel.: 0 92 81 / 68 84 · Telex: hocen 6 43 932
Besitzer: H. Eckert

100 Betten
alle Zimmer mit Dusche bzw. Bad/WC
Telefon, Minibar, Radio und TV
Übernachtung mit Frühstücksbüfett EZ DM 89.–,
DZ DM 139.–, Suiten EZ DM 190.–, DZ DM 250.–,
zwei Restaurants:
"Hofer Stuben" warme Küche von 11.30 bis 14.00 Uhr u.
von 18.00 bis 22.00 Uhr, Montag Ruhetag;
"Kastaniengarten" warme Küche von 18.00 bis 23.00 Uhr,
im Verbund mit der Freiheitshalle
Räumlichkeiten bis 800 Personen;
Ideal für Konferenzen, Tagungen und Kongresse
Whirlpool, Dampfsauna, finnische Sauna und med.
Massage, Parkplätze vorhanden

Gasthof - Hotel "Krone"
Hahnenkammstr. 37
und
Hotel "Krone am Park"
Hellersweg 1
8755 Alzenau - Wasserlos
Telefon: 0 60 23 / 60 24 - 60 26
Besitzer: Adolf Reising

Stammhaus - Gasthof - Hotel "Krone"
37 Betten, mit Dusche, WC, Telefon, Frühstücksbüfett
Übernachtungspreis pro Person im Einzelzimmer von
DM 45.– b. DM 48.–, Doppelz. von DM 54.– b. DM 88.–
warme Küche von 11.30 Uhr bis 14.00 Uhr
                           18.00 Uhr bis 22.00 Uhr
Eigene Metzgerei. Tagungsraum für ca. 20 - 50 Personen
Unser neues Haus "Krone am Park"
50 Betten, Dusche, WC, Telefon, Frühstücksbüfett + TV.
Übernachtungspreis pro Person im Einzelzimmer von
DM 73.– bis DM 85.–, Doppelzimmer DM 120.–,
Suite DM 148.–; Garagen, Parkplätze;
Freizeitangebot: Fitneßraum, Sauna, Solarium, Kegel-
bahn, Tennisplatz, Liegewiese,
Tagungsraum für ca. 20 - 50 Personen.

The final choice must satisfy the following conditions:

a) Evening meal must be available until 22.00.
b) All rooms must have a bath or shower.
c) All rooms must have a radio, TV and a telephone.
d) There must be parking facilities.
e) The hotel must offer a range of recreational facilities.

Which of the three do you decide on?

7 Mr Johnson is to travel to Bavaria on business to discuss the purchase of some machinery. He receives the following letter from the company he will be visiting, confirming his accommodation.

Maschinenfabrik Schmidt GmbH
Klosterstr. 5
8081 Althegnenberg

Managing Director
J + J Instruments plc
Unit 10
Pennine Trading Estate
GB – Manchester M25 6LX   20. Mai 1989

Sehr geehrter Herr Johnson,

wir danken Ihnen für Ihr Schreiben vom 5.5.89 und möchten folgendes bestätigen.

Sie kommen am dritten Juli nach Deutschland und bleiben bis zum achten. Sie werden uns vom vierten bis zum siebten hier in der Fabrik besuchen. Kommen Sie mit dem Wagen oder mit der Bahn, oder fliegen Sie? Das Hotel Zum Goldenen Stern und das Hotel Sonne haben im Juli noch Zimmer frei. Das Hotel Sonne ist teurer aber besser. Wir können Ihnen dieses Hotel sehr empfehlen. Der Inhaber, Herr Lindemann, und seine Frau sind sehr freundlich. (Sie sprechen fast kein Englisch, aber das macht ja nichts. Sie können jetzt gut Deutsch.) Das Essen ist gut, die Zimmer sind ruhig und haben Dusche und Toilette. Parkplätze hat das Hotel auch. Ein Einzelzimmer ist also vorläufig reserviert.

Ich fahre nächste Woche in Urlaub, aber mein Kollege, Herr Braun, und meine Sekretärin, Frau Schreiber, sind hier im Büro.

In den nächsten paar Tagen werden wir Ihnen weitere Informationen über unsere Instrumente, Preise, Verkaufsbedingungen usw. zuschicken.

Mit freundlichen Grüßen

Jeismann

Karl-Heinz Jeismann
Geschäftsführer

a) Translate the letter into English.
b) Send a telex on behalf of Mr Johnson to Herr Jeismann at Maschinenfabrik Schmidt
   which says the following:
   i) thank him for his letter
   ii) Mr Johnson will be bringing his wife so please reserve a double room
   iii) Mr and Mrs Johnson will be staying until 10th July and travelling by car so
        please reserve a parking place.

8 A colleague at work wants to rent a flat in Switzerland during the summer. He has
asked you to read the following advertisement which he found in a Swiss
accommodation leaflet, and also to answer some questions for him.

> In der Wohnung: ein Schlafzimmer, zwei Kinderzimmer, Eßzimmer,
> Wohnzimmer, Küche, Badezimmer, Balkon mit wunderbarer Aussicht auf
> Berge und See, Fahrstuhl im Haus, Parkplätze, Garten (leider keine
> Tiere).
> Zehn Minuten mit dem Auto/Bus von Stadtmitte und Bahnhof.
> In der Stadt: modernes Schwimmbad, bunte Parks, römisches Museum,
> großer Zoo, alter Dom.
> Für nähere Informationen telefonieren oder schreiben Sie an: Schneider-
> Appartements, Bachstr. 4, Zürich. Tel: 01/202 39 47.

Now answer your colleague's questions:
a) What are the views like?
b) I am not taking the car. Can we reach the town centre easily?
c) Is there a lift?
d) Is there a railway station there?
e) What are the main tourist attractions?
f) How do I find out more information?

9 Listening comprehension

 While travelling through Austria a couple stop at a tourist information office
(*Verkehrsverein*) to enquire about accommodation. Listen to the cassette, then answer
the questions that follow.
a) In what kind of location do the couple
   want accommodation?
b) How is the *Parkhotel* described?
c) How do prices at the *Gasthof Huber*
   compare with those of the *Parkhotel*?
d) What is situated behind the *Gasthof*?

e) What does the tourist ask for?

f) What else is he given?

10 Reading comprehension

Unterkunft in Deutschland

Deutschland bietet eine Unterkunft für jeden Geschmack. Geschäftsleute, Familien und Studenten können alle eine geeignete Unterkunft finden. In fast allen Städten gibt es Hotels, Appartements, Ferienwohnungen, Privatzimmer, Campingplätze und auch Jugendherbergen.

Die großen Luxushotels bieten oft sehr viel, zum Beispiel, mehrere Restaurants, Konferenz- oder Tagungsräume, Garagen, eigenes Schwimmbad, Sauna und Fitneßräume. Hier kann man bequem und mit allem Komfort wohnen beziehungsweise arbeiten. Es gibt auch billigere Hotels und Gasthöfe. Man kann Halb- oder Vollpension nehmen oder in einem Hotel garni wohnen.

Viele Leute zelten gern. Im Zelt kann man sehr billig und auch bequem übernachten. In Deutschland gibt es rund 1000 Campingplätze mit fließend Wasser, Toiletten, Duschen, Stromanschluß und Lebensmittelgeschäften. Studenten und auch andere Leute, z.B. Familien und sogar alte Leute wohnen gern in Jugendherbergen. Hier ist man ziemlich frei, und eine Übernachtung ist billig, circa zehn Mark inklusive Frühstück. Die Übernachtungspreise sind niedrig, denn die Jugendherbergen haben wenig Personal. Die Arbeit machen die Gäste. Sie müssen zum Beispiel abwaschen oder die Fenster putzen.

a) Summarise the first two paragraphs in English.

b) Translate the third paragraph into English.

Summary

Useful phrases

1	Saying you have reserved a room	Ich habe ein Zimmer reserviert
2	Saying that something is correct	Ja, (das/es) stimmt
3	Saying 'of course'	Selbstverständlich Natürlich
4	Saying you can manage	Danke, das geht schon

5	Asking if rooms are available	Haben Sie noch Zimmer frei?
6	Asking for particular rooms and facilities	Ich möchte ein/zwei Einzelzimmer/ Doppelzimmer mit Bad/Dusche/Balkon/ Fernsehen/Telefon
7	Asking about meal times	Wann gibt es Frühstück und Abendessen?
8	Asking about prices	Was kostet Halbpension?
9	Asking to see rooms	Können wir die Zimmer sehen?
10	Saying you like something	Die Zimmer sind sehr schön
11	Saying you will take the rooms	Die nehmen wir
12	Asking someone to recommend you something	Können Sie uns einen/eine/ein . . . empfehlen?
13	Saying you prefer something	Lieber ein(e) . . .
14	Saying something is acceptable	Das geht

Language forms

1 **The imperative**

The imperative is formed by placing *Sie* after the verb.
   Bitte *füllen Sie* dieses Anmeldeformular aus.
   Zeigen Sie mir bitte das Zimmer.
The imperative form of *sein* is: *seien Sie*.

2 **Adjective agreement**

a) After *der/die/das* and *dieser/diese/dieses* the adjective takes the following endings:

	Masculine	*Feminine*	*Neuter*	*Plural*
Nominative	der gut*e* Stahl	die interessant*e* Information	das groß*e* Zimmer	die wichtig*en* Lebensmittel
Accusative	den gut*en* Stahl	die interessant*e* Information	das groß*e* Zimmer	die wichtig*en* Lebensmittel
Genitive	des gut*en* Stahl(e)s	der interessant*en* Information	des groß*en* Zimmers	der wichtig*en* Lebensmittel
Dative	dem gut*en* Stahl	der interessant*en* Information	dem groß*en* Zimmer	den wichtig*en* Lebensmittel

b) After *ein/eine/ein* the adjective takes the following endings:

	Masculine	Feminine	Neuter
Nominative	ein gut*er* Stahl	eine interessante Information	ein groß*es* Zimmer
Accusative	einen gut*en* Stahl	eine interessante Information	ein groß*es* Zimmer
Genitive	eines gut*en* Stahl(e)s	einer interessant*en* Information	eines groß*en* Zimmers
Dative	einem gut*en* Stahl	einer interessant*en* Information	einem groß*en* Zimmer

Adjectives following *mein*, *dein*, *sein*, *ihr* etc. take the same endings as an adjective following the indefinite article in the singular, and the same endings as an adjective following the definite article in the plural.

> Mein klein*er* Sohn heißt Marcus.
> Hier ist ein Brief von unseren englisch*en* Kollegen.

c) When an adjective stands on its own it takes the following endings:

	Masculine	Feminine	Neuter	Plural
Nominative	gut*er* Stahl	interessant*e* Information	groß*es* Zimmer	wichtig*e* Lebensmittel
Accusative	gut*en* Stahl	interessant*e* Information	groß*es* Zimmer	wichtig*e* Lebensmittel
Genitive	gut*en* Stahl(e)s	interessant*er* Information	groß*en* Zimmers	wichtig*er* Lebensmittel
Dative	gut*em* Stahl	interessant*er* Information	groß*em* Zimmer	wichtig*en* Lebensmitteln

3 Demonstrative article

	Masculine	Feminine	Neuter	Plural
Nominative	dieser	diese	dieses	diese
Accusative	diesen	diese	dieses	diese
Genitive	dieses	dieser	dieses	dieser
Dative	diesem	dieser	diesem	diesen

4 The pronoun 'it'

Pronouns agree with the noun to which they refer.

> Der Fahrstuhl ist um die Ecke.
> *Er* ist um die Ecke.
> Die Aussicht ist schön.
> *Sie* ist schön.
> Das Zimmer ist schön.
> *Es* ist schön.

5 **The comparative**

The comparative is formed by adding *er* to the adjective or adverb.

billig → billig*er*

If a word has one syllable, an umlaut is added on the *a*, *o* or *u* unless the word already has an umlaut.

früh → früher

groß → größer

alt → älter

There are some irregular comparatives, for example:

gut → besser

viel → mehr

gern → lieber

hoch → höher.

6 *Man*

This is the equivalent of 'one' in English but is more commonly used than 'one'.

Frühstück bekommt man ab sieben Uhr.

Man takes the same form of the verb as *er/sie/es* and its possessive adjective is *sein*.

Nominative   man

Accusative   einen

Dative   einem

Additional exercises

1 Your colleague has a habit of going one better than you. Complete his answers.

Example   Ich habe ein großes Haus. Ja, aber mein Haus ist *größer*.

a) Meine Arbeit ist interessant. Ja, aber meine Arbeit ist _____ .

b) Hier hat man eine schöne Aussicht auf die Berge. Ja, aber diese Aussicht ist noch

_____ .

c) Dieses Hotel ist teuer. Ja, aber dieses Hotel ist noch _____ .

d) Wir importieren viel aus der Schweiz. Ja, aber wir importieren _____ aus Frankreich.

e) Der Automat ist kompliziert. Ja, aber dieser Automat ist _____ .

f) Dieses Zimmer ist ruhig. Ja, aber dieses Zimmer ist noch _____ .

g) Mein Vater ist schon alt. Ja, aber mein Vater ist _____ .

2 Complete the following sentences with the correct form of *dieser/diese/dieses*.

a) Dies___ Gegend ist sehr schön.

b) Dies___ Zimmer ist groß.

c) Dies____ Firma hat Geschäftsverbindungen mit Frankreich.
d) Der Vertreter von dies____ Firma heißt Herr Maily.
e) Fahren Sie mit dies____ Zug?
f) Dies____ Zimmer sind sehr schön.
g) Dies____ Dampfer fährt nach Köln.
h) Sehen Sie dies____ Fahrplan?

Kapitel 5

Essen und Trinken

 Herbert Walter, Lotte Meyer and Ewald Weidmann arrive at the *Hotel Coenen* to take Michael Newby to one of their factories and then out to lunch.

Walter:	Guten Morgen, Herr Newby. Wie geht es Ihnen?
Newby:	Gut danke. Ich war gestern abend sehr müde, aber jetzt geht es mir besser. Ich habe sehr gut geschlafen.
Walter:	Sie kennen schon meine Kollegin Frau Meyer und meinen Kollegen Herrn Weidmann?
Newby:	Ja, wir haben uns in Altrincham kennengelernt. Tag, Frau Meyer, Tag, Herr Weidmann. Es freut mich sehr, Sie wiederzusehen.
Meyer:	Gleichfalls, Herr Newby. Haben Sie eine gute Reise gehabt?
Newby:	Ziemlich gut, danke.
Weidmann:	Sind Sie zum ersten Mal in Mönchengladbach?
Newby:	Ja.
Walter:	Wir können Ihnen später die Sehenswürdigkeiten der Stadt zeigen, wenn Sie Lust haben.
Newby:	Ja, das möchte ich gerne. Ich habe so viel von Mönchengladbach gehört. Bekannte von mir sind oft auf Geschäftsreise hier gewesen.

Practice

1 Complete the phrases in column A with an appropriate phrase from column B, according to the information in the dialogue.

Column A

Es freut Michael Newby,

Michael Newby hat

Michael Newby ist

Michael Newby kennt schon

Heute ist Michael Newby

Column B

sehr gut geschlafen.

nicht mehr müde.

Herrn Weidmann und Frau Meyer wiederzusehen.

zum ersten Mal in Mönchengladbach.

Frau Meyer und Herrn Weidmann.

2 Meeting people

You are being taken out to lunch by your German host on the first day of a business trip to Hamburg. You are collected at your hotel in Hamburg. What do you say in German?

Gastgeber: Guten Morgen, Herr/Frau ... Wie geht es Ihnen?
Sie: (Say you had a good sleep last night. You were very tired but now you are better.)
Gastgeber: Sie kennen meinen Kollegen, Herrn Desch?
Sie: (Say yes, you met at a conference in Munich. Say you are pleased to meet Herr Desch again.)
Desch: Gleichfalls, Herr/Frau ... Haben Sie eine gute Reise gehabt?
Sie: (Say thank you, you have had quite a good one.)
Gastgeber: Sind Sie zum ersten Mal in Hamburg, Herr/Frau ... ?
Sie: (Say yes.)
Gastgeber: Wir zeigen Ihnen später die Sehenswürdigkeiten, wenn Sie wollen.
Sie: (Say you would like that, you have heard so much about Hamburg.)

3 You are visiting a company in Gladbeck and wish to stay at the *Hotel Schultenhof*. You have a few queries. Answer them by consulting the brochure on the following page.

   a) Sie möchten ein Zimmer mit Bad. Geht das?
   b) Wo können Sie parken?
   c) Am Dienstag abend wollen Sie mit Kollegen im Restaurant essen. Geht das?
   d) Wann ist das Restaurant nicht geöffnet?

Hotel-Restaurant-Café
mit dezenter Unterhaltungsmusik

Restaurant mit gemütlichen Sitznischen

Unser Hotel ist durchgehend (warme Küche) geöffnet von 11.30 bis 1.00 Uhr nachts.

— Kein Ruhetag —

Wir sind ein Spezialitäten-Restaurant (Wild, Fisch und Balkan-Grill). Internationale und bürgerliche Küche. Ausreichender Parkplatz am Hause. Hotelzimmer mit Dusche, WC und Telefon. (Gäste-Garagen und Hofparkplatz). 2 Bundeskegelbahnen im Hause. Wir erwarten Sie — und danken für Ihren Besuch.

Familie Šime Jović

Im Restaurant

Some exam.

Some time later Walter, Meyer, Weidmann and Newby arrive at the restaurant of the *Hotel Schultenhof.* Here is part of their conversation.

Walter: Guten Tag, wir haben einen Tisch für vier Personen reserviert. ✓

Kellner: Ja. Bitte schön, meine Herrschaften. Dort in der Ecke. ✓

corner

Walter: Können Sie mir bitte die Speise- und Getränkekarte bringen? Wir möchten bestellen.

Kellner: Ja, sofort . . .

Walter: (*Später*) Haben Sie schon gewählt? . . . Herr Ober.

Kellner: Bitte sehr, was darf es sein?

Newby: Ich möchte bitte Wiener Schnitzel mit Röstkartoffeln, Gemüse und Salat.

Kellner: Möchten Sie eine Vorspeise?

Newby: Ja, vielleicht doch. Bringen Sie mir einen kleinen Salat.

Kellner: Und zu trinken?

Newby: Eine Flasche Bier, bitte, König Pilsener. Und als Nachtisch bekomme ich einen Pfannkuchen mit Zitrone. Das schmeckt mir immer so gut.

Meyer: Ich möchte gern eine Ochsenschwanzsuppe, und als Hauptgericht rheinischen Sauerbraten mit Kartoffeln und Rotkohl. Das esse ich sehr gern. Als Nachspeise bekomme ich Apfelkompott.

Kellner: Und was trinken Sie?

Meyer: Ein Glas Weißwein.

Practice

1 Ordering food and drink

You are in a restaurant in Germany with a colleague. You order your meal. What do you say in German?

Sie: (Ask if they have a table for two.)

Kellner: Jawohl, mein Herr/gnädige Frau. Dort in der Ecke.

Sie: (Ask for the menu and wine list.)

Kellner:	Ich bringe sie sofort . . .
Sie:	(Tell the waiter you have made your choice.)
Kellner:	Bitte sehr, was darf es sein?
Sie:	(Say you would like oxtail soup for starters, followed by Wiener Schnitzel with roast potatoes, vegetables and salad.)
Kellner:	Etwas zu trinken dazu?
Sie:	(Say you would like a glass of red wine.)
Kellner:	Möchten Sie eine Nachspeise?
Sie:	(Say yes, you would like a sundae and a cup of coffee.)

2 Study this menu, then get together with other students and make up conversations similar to the one in exercise 1.

Hotel zum Adler

Speisekarte

Vorspeisen

Französische Zwiebelsuppe
Ochsenschwanzsuppe

☆ ☆ ☆ ☆ ☆

Hauptgerichte

Süßsaure Matjes
mit Salzkartoffeln und Tomaten

Heilbutt mit
Kartoffelpüree und Salat

Wiener Schnitzel
mit Pommes frites, Champignons und Erbsen

Pfeffersteak (sehr scharf)
mit Reis und Karotten

☆ ☆ ☆ ☆ ☆

Nachspeisen

Obstsalat
Birne Hélène
Gemischtes Eis
Haselnußcreme

3 Study this dialogue between a waiter and a couple in a café.

Kellner:	Bitte sehr, was darf es sein?
Sie:	Ich möchte eine Tasse Kaffee bitte.
Er:	Eine Tasse Zitronentee für mich bitte.
Kellner:	Sonst noch etwas?
Sie:	Ich möchte auch ein Stück Apfelstrudel.
Er:	Und ich bekomme ein Vanille-Eis bitte.
Er:	(*Später*) Darf ich bitte die Rechnung haben?
Kellner:	Also, ein Kaffee, das kostet DM 2,00, ein Tee DM 2,00, ein Stück Apfelstrudel DM 2,50 und ein Eis DM 2,20. Alles zusammen macht das acht Mark und siebzig Pfennig.
Er:	Also, bitte schön.
Kellner:	Ich danke Ihnen.

Now make up similar conversations in small groups, using words from the list of prices below.

Preistafel

Warme Getränke

Tasse Kaffee	2,50
Tasse Tee mit Zitrone oder Milch	2,50
Tasse Espresso	2,60
Tasse Kakao	2,60

Torten und Kuchen

Erdbeertorte mit Sahne	3,75
Apfelstrudel	3,00
Schokoladenkuchen	2,50
Käsekuchen	2,50

Eisspezialitäten

Vanille, Erdbeer, Schokolade	2,00
Gemischtes Eis mit Sahne	3,75
Eis-Kaffee	4,00
Schwarzwaldbecher	4,50

4 While working in Germany you go to the *Enka Restaurant* one day for your lunch.
Tell your colleagues back at work about the restaurant and your meal. The following
words might be useful:

• wählen, die Speisekarte bringen, die Getränkekarte, Weißwein, Rotwein,
  bekommen, trinken, schmecken
• als Vorspeise/Hauptgericht/Nachspeise, die Rechnung, kosten

Remember to use the perfect tense.

Speiseplan   Enka
                                        Kasino

vom   9.11.89 – 13.11.89

MONTAG   Geflügelcremesuppe
                       Gefüllte Wirsingroulade mit
                       magerer Fleischfüllung
                       Würfelkartoffeln
                       Eichblatt-Radieschensalat
                       Dessert

DIENSTAG   Suppe
                       Wiener Schnitzel mit
                       Pommes frites
                       Farmer Salat
                       Dessert

MITTWOCH   Suppe
                       Geschnitzeltes Schweinefleisch
                       in Rahmsauce m. Champignons
                       und Tomaten, Gabelspaghetti
                       Kopf- u. Selleriesalat
                       Dessert

DONNERSTAG   Grüne Erbsensuppe
                       mit geräucherter Bockwurst
                       Brötchen
                       Schokoladencreme mit Birne

FREITAG   Selleriecremesuppe
                       Bayrischer Leberkäse mit
                       Spiegelei, Röstkartoffeln
                       Chinakohl- u. Wachsbrechbohnensalat
                       Dessert

5 Writing/sustained speaking

Sie haben mit einem Kollegen gerade gegessen. Hier ist Ihre Rechnung.

RESTAURANT ANTON BOMMERSHEIM OHG

Hauptstr. 418 · 6236 Eschborn-Niederhöchstadt · Tel. (06173) 6 24 12

Rechnung *Tisch 11 — 2 Pers.*

	Speisen und Getränke	
1	Filet Stroganoff	28,—
1	Zigeunerschnitzel	21,—
1	Fl. Bordeaux	18,50
2	Eisbecher	14,—

Im Gesamtbetrag
sind *14* % / DM _____
Mehrwertsteuer enthalten.   DM **81,50**

Betrag dankend erhalten:

Val

Restaurant Bommersheim
bei Derek
Hauptstraße 418
Tel. 061 73 · 6 24 12
6236 Eschborn-2
Inh. Fam. Derek

12.10.88
Datum   Unterschrift und Stempel

Wir danken für Ihren Besuch!

a) Wie heißt das Restaurant?
b) Welche Nummer hat Ihr Tisch?
c) Haben Sie eine Vorspeise gegessen?
d) Sie haben Filet Stroganoff gewählt. Was hat es gekostet?
e) Was hat Ihr Kollege als Hauptgericht bekommen?
f) Und als Nachtisch?
g) Was haben Sie getrunken?
h) Was ist der Gesamtbetrag?
i) Was steht auch im Gesamtbetrag?
j) Welches Datum steht auf der Rechnung?

6 You have been sent by your company to gain work experience in their German office. This morning your boss left you this list of tasks to be done in his absence.

> Flughafen-Reisebüro anrufen und Flugkarte bestellen.
> Meine Marketing-Zeitschrift kaufen.
> Hotelzimmer in Bremen für nächsten Dienstag reservieren.
> Mit dem Restaurant Schloßhof sprechen und Tisch für zwei Leute für 13.00 reservieren.
> Export-Formulare ausfüllen.
> Brief an die Firma Mann GmbH tippen.
> Zum Bahnhof fahren und Hans Schoening um 11.45 abholen.

You have had a busy morning. On your boss's return give him a quick résumé of your activities.

Example Ich *habe* das Flughafen-Reisebüro *angerufen*. Dann *habe* ich . . .

7 Read the following sentences:

In meiner Freizeit gehe ich gern ins Kino, und ich höre auch gern Musik. Ich treibe sehr gern Sport. Im Winter spiele ich Fußball, aber im Sommer gehe ich lieber schwimmen.

Now write similar sentences saying what your hobbies are. Use the words *gern* and *lieber* and some of these words and phrases:

- in die Oper/ins Theater/in die Stadt/auf die Jagd/zur Disko gehen
- ins Ausland/nach Schottland fahren
- zu Hause bleiben, fernsehen, Radio hören, basteln
- Tischtennis/Golf spielen, trampen, zelten, das Auto reparieren

8 Reading

Die **R**PIAZZA **A**
     OMAN ist von 12.00 – 15.00 Uhr und von
18.00 – 24.00 Uhr geöffnet. Lassen Sie sich über die Telefon-
Nr. 7 rechtzeitig einen Tisch reservieren. Ob Sie elegant oder
leger kommen – Sie sind uns immer liebe Gäste.

Französisches Flair (im Sommer auch auf der Straße) offeriert
Die Brasserie. Aber natürlich auch alles, was genußvoll
satt macht: Fisch und Fleisch vom Grill, zahlreiche
verschiedene Delikatessen und Leckerbissen von unserem Gourmet-
Buffet (die leckeren Desserts nicht gezählt), Weine und
Champagner offen. Bedienen Sie sich oder lassen Sie sich bedienen. Wir richten uns ganz nach Ihren Wünschen.
Die Brasserie ist durchgehend
von 12.00 bis 01.00 Uhr nachts geöffnet.
Ab 07.00 Uhr finden Sie in unserer Brasserie
unser berühmtes Frühstücksbuffet. Damit
fängt der Tag wahrhaftig elysisch an.

Eilige Gäste können von 06.15 bis 12.30 Uhr auf dem *BOULEVARD*
unser Pariser Boulevard-Frühstück mit ofenfrischen Croissants,
mehreren Sorten Brötchen, frischgepreßtem Orangensaft
und duftendem Kaffee einnehmen.

Answer these questions in German:

a) Wann kann man in der Piazza Romana essen?
b) Wo kann man im Sommer sitzen, wenn man in der Brasserie ißt?
c) Was kann man dort trinken?
d) Kann man dort um Mitternacht essen?
e) Um wieviel Uhr kann man auf dem Boulevard frühstücken?
f) Was kann man dort essen? Und trinken?

9 Listening comprehension

 During the course of the meal Michael Newby and his colleagues talk about the restaurant and different cuisine. Listen to the cassette and then answer these questions in English.

a) What does Newby say about the restaurant and the food? Give as much information as possible.
b) Why is Newby so familiar with German cuisine?
c) What was significant about his first trip to Linz?
d) Why does Walter prefer German to English food?
e) For what does Weidmann have a weakness?

10 Reading comprehension

Das Essen

Die drei Mahlzeiten in Deutschland sind das Frühstück, das Mittagessen und das Abendessen. Zum Frühstück ißt man normalerweise Brötchen, Brot oder Toast mit Butter, Marmelade oder Honig. Viele Leute essen auch ein gekochtes Ei. Zu Trinken bekommt man Tee oder Kaffee. Oft nimmt man ein zweites Frühstück zur Arbeit mit, wenn man sehr früh zu Hause gefrühstückt hat.

Für viele Leute ist das Mittagessen die Hauptmahlzeit. Dann ißt man entweder zu Hause oder in einem Restaurant, wenn man in der Stadt arbeitet. Das Mittagessen besteht aus einer Suppe, danach Fleisch und Gemüse und oft, aber nicht immer, aus einem Nachtisch, zum Beispiel Eis, Pudding oder Obst.

Mittags hört man sehr oft im Büro den Ausdruck 'Mahlzeit'. Das sagt man zu seinen Kollegen und Kolleginnen, wenn man essen geht, und wenn man zurückkommt.

Nachmittags trinkt man oft Tee oder Kaffee, aber auch Mineralwasser, manchmal auch mit Kuchen.

Das Abendessen ist etwas einfacher. Man ißt zum Beispiel Brot mit Schinken, Käse, Wurst, Salat oder Tomaten. Abends trinken viele Deutsche ein Glas Wein oder Bier.

Using the information in the text you have just read, write a short summary in German on the following topics:

a) Essen im Büro
b) Essen zu Hause
c) Trinken.

Summary

Useful phrases

1	Saying how you feel	Ich bin sehr müde Es geht mir jetzt besser
2	Asking if someone is known	Sie kennen schon Herrn/Frau . . .
3	Saying you have already met	Wir haben uns in . . . kennengelernt
4	Saying you are pleased to see someone again	Es freut mich sehr, Sie wiederzusehen
5	Saying something would be nice	Das möchte ich gerne
6	Saying you have heard a lot about a place	Ich habe viel von . . . gehört
7	Saying you have a table reserved for four	Ich habe einen Tisch für vier Personen reserviert
8	Asking for the menu and wine list	Können Sie mir bitte die Speise- und Getränkekarte bringen?
9	Asking what somebody would like	Was darf es sein?
10	Ordering food and drink	Ich möchte bitte Wiener Schnitzel mit Röstkartoffeln, Gemüse und Salat Bringen Sie mir einen kleinen Salat Ich bekomme einen Pfannkuchen Ich möchte gern eine Ochsenschwanzsuppe Ein Glas Weißwein/eine Flasche Bier, bitte

11	Asking if someone likes the food	Wie schmeckt Ihnen das Essen?
		Schmeckt es Ihnen?
12	Saying you like the food	Das Essen schmeckt prima
13	Asking for the bill	Die Rechnung, bitte!
		Darf ich bitte die Rechnung haben?
		Zahlen, bitte!

Language forms

1 **The perfect tense**

The perfect tense is formed by using either *haben* or *sein* with a past participle. *Sein* is used with verbs that suggest movement from one location to another (for example, they have already left) or a change of state (for example, he has become very ambitious). *Haben* is used with all other verbs.

The past participle of regular verbs is formed by replacing the *en* of the infinitive with *t*, and placing *ge* at the beginning.

machen → *ge*mach*t*

Many verbs are irregular and they have their own particular past participle.

gehen → gegangen
bringen → gebracht

a) Verbs with *haben*

hören

ich habe gehört	wir haben gehört
du hast gehört	ihr habt gehört
Sie haben gehört	Sie haben gehört
er ⎫	
sie ⎬ hat gehört	sie haben gehört
es ⎭	

b) Verbs with *sein*

fahren

ich bin gefahren	wir sind gefahren
du bist gefahren	ihr seid gefahren
Sie sind gefahren	Sie sind gefahren
er ⎫	
sie ⎬ ist gefahren	sie sind gefahren
es ⎭	

c) **Separable verbs**

With separable verbs the past participle follows the prefix.

ausmachen → ausgemacht

With compound verbs the past participle follows the first verb,

kennenlernen → kennengelernt

d) **Verbs beginning with _be-, ge-, emp-, ent-, er-, ver-, zer-_ or ending with _-ieren_**

The past participles of these verbs do not have _ge_ at the beginning.

Man hat mir das Hotel _empfohlen_.

Ich habe ein Zimmer _reserviert_.

2   Verbs taking the dative

Gehen

Es geht _mir_ besser.

Es geht _ihm_ gut.

Geht _es Ihnen_ schlecht?

Schmecken

Das schmeckt _mir_ gut.

Schmeckt _es Ihnen?_

3   Word order in subordinate clauses

The verb is the second idea in a main clause expressing a statement.

Mr Newby _kommt_ bald zu Besuch.

In clauses introduced by _wenn_ the verb stands at the end.

Wir können Ihnen später die Sehenswürdigkeiten zeigen, _wenn_ Sie Lust _haben_.

Other words introducing subordinate clauses: _als, daß, obwohl, obgleich, weil, ob_.

4   _Gern/lieber_

Gern is normally used with a verb to mean the speaker likes doing something.

Ich esse (sehr) _gern_ Sauerbraten.

Wir sprechen _gern_ Deutsch.

On its own it means 'Yes, I would like to' or 'Yes, of course'.

Möchten Sie in ein Restaurant gehen? Ja, _gern(e)_.

The comparative form of _gern_ is _lieber_.

Ich spreche _gern_ Französisch, aber ich lerne _lieber_ Deutsch.

Additional exercises

1   Look at the following examples of subordinate clauses.

Ich fahre zum Flughafen, weil wir nach Österreich fliegen.

Ich bin müde, obwohl ich gut geschlafen habe.

Sie müssen das Restaurant Bommersheim besuchen, weil das Essen dort sehr gut ist.

Ich bekomme einen Apfelstrudel, weil der Kellner das empfohlen hat.

Wir möchten morgen kommen, wenn Sie ein Zimmer frei haben.

Now complete the gaps in the following text with *weil, obgleich, wenn* or *daß*.

Ich finde es sehr interessant, _____ dieses Hotel schon so alt ist. Ich möchte dieses Zimmer, _____ es eine schöne Aussicht auf die Berge hat. Wir möchten essen, _____ das Restaurant noch offen ist. Sie können im Restaurant zur Eule essen, _____ es ziemlich spät ist.

2 Put the following sentences into the perfect tense.

a) Ich fahre oft nach Deutschland.

b) Wir lösen die Fahrkarten am Hauptbahnhof.

c) Herr Schaaf reserviert ein Zimmer.

d) Der Zug fährt um 13.00 Uhr ab.

e) Die Sekretärin ruft das Restaurant an.

f) Wir essen heute im Restaurant.

g) Ich bestelle ein Glas Weißwein.

h) Mr Newby schläft sehr gut.

Kapitel 6

Einkaufen

Auf der Straße

 Charles Stewart, a computer programmer on business in Düsseldorf, begins to look for presents for his family. He asks the way to the *Königsallee* and enquires about shops.

Programmierer: Entschuldigen Sie bitte. Ich suche die Königsallee.

Passant: Ach, die Kö ist gar nicht so weit. Gehen Sie hier geradeaus bis zur Kreuzung, dann nehmen Sie die erste Straße links, die Steinstraße. Sie führt direkt zur Kö.

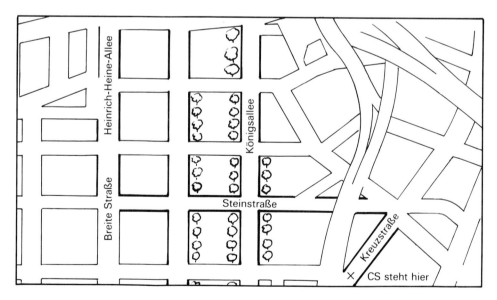

Programmierer: Herzlichen Dank. Können Sie mir auch ein Geschäft in der Königsallee empfehlen, wo ich Geschenke für meine Familie in England kaufen kann?

Passant: Was für Geschenke wollen Sie denn?

Programmierer:	Na ja, Parfüm, T-shirts, Bücher . . . Ich weiß nicht genau.
Passant:	Also, bei Habitus finden Sie bestimmt das Richtige. Dann gibt's noch Benetton und das Modehaus Heinemann, wenn Sie Bekleidung suchen. Parfüm kriegen Sie in der Parfümerie Douglas. Auf der Kö gibt's sehr viele Geschäfte. Es gibt da fast alles.
Programmierer:	Aber die Preise . . .
Passant:	Das stimmt. Wenn Sie etwas billiger einkaufen wollen, dann müssen Sie in ein Kaufhaus oder in die Altstadt gehen.
Programmierer:	Die Altstadt, wie komme ich am besten dahin?
Passant:	Gehen Sie die Steinstraße entlang, bis Sie zur Kö kommen. Dann gehen Sie immer noch geradeaus bis zur Breite Straße. Dort geht es rechts weiter. Gehen Sie die Breite Straße hinunter bis in die Heinrich-Heine-Allee. Die Altstadt liegt dann auf der linken Seite.
Programmierer:	Ich danke für Ihre Hilfe.
Passant:	Nichts zu danken. Gern geschehen. Auf Wiedersehen.

Die Königsallee

Practice

Asking the way

You want to buy some presents for your family before travelling home from a congress in Innsbruck. You stop someone in the street to ask the way. What do you say in German?

Sie: (Say 'excuse me', you want to buy presents for your family in England. Ask if they can recommend a suitable shop.)

Passant: Was für Geschenke wollen Sie denn eigentlich?

Sie: (Say you do not yet know exactly, possibly books, perfume or T-shirts.)

Passant: Also, in den kleinen Gassen in der Altstadt finden Sie viele Geschenkartikel in den Andenkengeschäften.

Sie: (Say you know, but they are rather expensive.)

Passant: Dann müssen Sie zur Maria-Theresien-Straße gehen. Dort finden Sie Warenhäuser. Die verkaufen fast alles.

Sie: (Ask what is the best way to get there.)

Passant: Also, gehen Sie hier die Universitätsstraße entlang bis zum Burggraben. Gehen Sie dann links bis zur Kreuzung. Rechts sehen Sie den Verkehrsverein und links die Maria-Theresien-Straße.

Sie: (Thank the passer-by for their help.)

Passant: Nichts zu danken.

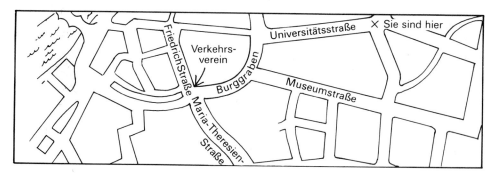

Information

Normalerweise sind deutsche Geschäfte und Postämter montags bis freitags zwischen 08.00 oder 09.00 und 18.30 offen. Samstags müssen alle Geschäfte um 14.00 schließen, aber am ersten Samstag im Monat dürfen sie bis 18.00 offen bleiben (sogenannter 'langer Samstag').

2 You are visiting Germany. While in the tourist office you hear the following conversations. With the help of the map complete the gaps with a suitable word or phrase.

```
                         Berliner
                         Straße

                                                    Dortmunder Weg

    Münchener Straße                                Hochstraße




                    Hamburger Straße

                                           ×  Sie sind hier
```

a) Ich suche die Hochstraße. Wie komme ich am besten dahin?

Gehen Sie hier geradeaus, dann nehmen Sie die erste Straße _____.

b) Ich suche die Berliner Straße. Wie komme ich am besten dahin?

Gehen Sie hier _____ bis zur _____. Dort gehen Sie nach _____, und dann nehmen Sie die _____.

c) Wie komme ich am besten zur Münchener Straße, bitte?

Gehen Sie _____ bis zur _____, dann gehen Sie die Hamburger Straße _____. Die Münchener Straße ist _____ rechts.

d) Now answer the following question:

Wie komme ich am besten zum Dortmunder Weg?

Verkehrsamt, Reitnau

3 While visiting Germany an English businessman wishes to buy a few presents for his family and colleagues. Look at the advertisements below, then say what a German colleague might reply to his queries.

Example Für meine Frau will ich eine Halskette kaufen.
Dann gehen Sie am besten zum Schmuckfachgeschäft Mössing.

a) Für meine Frau will ich eine Flasche Parfüm kaufen.
b) Für meine Sekretärin will ich ein Buch kaufen.
c) Wo kann ich für meinen Chef eine Flasche Weißwein kaufen?
d) Für meine Tochter möchte ich ein schönes Geschenk kaufen.
e) Für meinen Sohn möchte ich eine Uhr kaufen.
f) Für meine Kamera muß ich einen Film kaufen.

Im Warenhaus

 Bob Nicholson, a British sales representative, is in a German department store buying presents for his family at the end of a business trip. Read the conversation and then answer the questions that follow.

Verkäufer:	Guten Tag. Was darf es sein?
Vertreter:	Wo bekomme ich Parfüm?
Verkäufer:	Das bekommen Sie in der Parfümerie im zweiten Stock.
Vertreter:	Danke. Wo ist die Rolltreppe?
Verkäufer:	Da vorne, sehen Sie?
Vertreter:	Ach ja. Und in welchem Stock finde ich T-Shirts?
Verkäufer:	Die gibt's hier im Erdgeschoß.

(*Einige Minuten später*)

Verkäuferin:	Kann ich Ihnen helfen?
Vertreter:	Danke. Ich weiß nicht, ob mein Sohn lieber ein T-Shirt oder Spielzeug möchte.
Verkäuferin:	Wie alt ist denn Ihr Sohn?
Vertreter:	Er wird dieses Jahr sechs Jahre alt.
Verkäuferin:	Vielleicht interessiert ihn ein T-Shirt mit Micky Maus-Motiv?
Vertreter:	Das gibt's auch in Deutschland! Das gefällt ihm ganz bestimmt. Also, ich nehme eins. Welche Farben haben Sie denn?
Verkäuferin:	Wir haben blau, gelb, schwarz und braun.
Vertreter:	Ja gut, ein blaues bitte.
Verkäuferin:	Welche Größe hat Ihr Sohn?
Vertreter:	Ach, das ist schwer. Ungefähr sechsundzwanzig *inches*. Ich habe hier eine Umrechnungstabelle. Mal sehen . . . Also, das sind ungefähr 65 Zentimeter.
Verkäuferin:	Das hier wird ihrem Sohn sicher passen.
Vertreter:	Was kostet es bitte?
Verkäuferin:	Siebzehn Mark neunzig.
Vertreter:	Bitte schön. Und für meine Tochter will ich eine Kassette kaufen. Wo ist die Musikabteilung, bitte?
Verkäuferin:	Die finden Sie im dritten Stock.
Vertreter:	Vielen Dank.

Practice

1 Answer the following questions:

a) Wo im Warenhaus kann man Parfüm kaufen? Und T-Shirts?

b) Was weiß der Vertreter nicht?

c) Wie alt ist der Sohn des Vertreters im Moment?

d) Welches Motiv gefällt seinem Sohn?

e) Was kostet das T-Shirt?

f) Welche deutsche Größe trägt der Sohn? Was entspricht das in England?

g) Warum geht der Vertreter zum dritten Stock?

2 Buying presents

You are in a German department store buying a T-shirt and a toy (*das Spielzeug*). What do you say in German?

Verkäuferin:	Was darf es sein?
Sie:	(Say you want to buy a T-shirt for your daughter.)
Verkäuferin:	Wie alt ist Ihre Tochter denn?
Sie:	(Say she will be thirteen this year.)
Verkäuferin:	Vielleicht gefällt ihr dieses T-Shirt mit Lufthansa Motiv. Das ist etwas typisch Deutsches. Wir haben es in verschiedenen Farben . . . rot, schwarz, weiß, gelb und blau.
Sie:	(Say you like the red T-shirt.)
Verkäuferin:	Welche Größe, bitte?
Sie:	(Say you would like 81 centimetres and ask what it costs.)
Verkäuferin:	18 Mark.
Sie:	(Ask where you can buy a toy for your son.)
Verkäuferin:	Im zweiten Stock.
Sie:	(Thank the assistant and say goodbye.)
Verkäuferin:	Auf Wiedersehen.

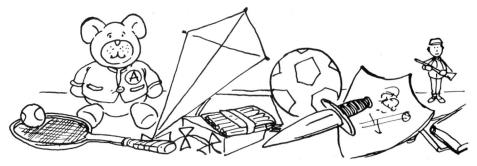

3 Study this plan of a German department store (*Kaufhaus*) and then answer the following questions.

Erdgeschoß

Erster Stock

Zweiter Stock

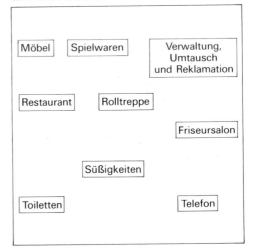

a) In welchem Stock ist die Parfümerie?

b) In welchem Stock sind Schallplatten und Kassetten?

c) Wo ist das Restaurant?

d) Wo kann man telefonieren?

e) In welchem Stock kann man einen Film kaufen?

f) Wo ist die Schreibwarenabteilung?

g) Wo findet man Lebensmittel?

h) In welchem Stock ist die Musikabteilung?

4 Im Lebensmittelgeschäft

Read the following dialogue, then using the adverts below and other vocabulary you have learnt make up similar dialogues with a partner.

● Guten Tag. Was darf es sein?
■ Ich möchte ein Kilo Pfirsiche bitte.
● Eine Mark neunundneunzig bitte. Sonst noch etwas?
■ Ja, zehn Eier bitte. Was macht das?
● Eine Mark neunundneunzig und eine Mark neunundzwanzig. Das macht drei Mark achtundzwanzig.
■ Bitte schön.
● Danke.

Remember also the following phrases:
● Ich danke für Ihre Hilfe.
● Nichts zu danken.
● Kann ich Ihnen helfen?
● Vielen Dank.
● Sie wünschen?
● Wieviel möchten Sie?

5   Translation

While visiting Mannheim on business you find some publicity material about the district. Read the following extract from it.

Limbach ist ein kleines Dorf im Odenwald mit 2200 Einwohnern. Es liegt im südlichen Odenwald. Wegen der guten Luft ist es ein Luftkurort. Zu allen Zeiten, im Sommer wie im Winter, im Frühling wie im Herbst, kommen deshalb viele Leute von Mannheim und Frankfurt, um dort in der guten Luft Spaziergänge zu machen. Zu diesem Zweck gibt es viele Wanderwege in den vielen schönen Wäldern.

Limbach selbst liegt in einem Tal. Von weitem sichtbar ist die schöne Kirche mitten im Dorf. Obgleich Limbach in einem Tal liegt, ist es dennoch 500 Meter über dem Meeresspiegel. Auf den Höhen ringsum sind Wälder und Felder. Ja, Limbach ist noch ein Agrardorf. Es gibt deshalb viele Bauernhöfe. Limbach besitzt allerdings auch zwei Fabriken: eine Lampenschirm- und eine Steppdeckenfabrik.

Für die ärztliche Versorgung der Einwohner hat Limbach einen Arzt, einen Zahnarzt und eine Apotheke.

Brot und Brötchen und Kuchen kann man in den zwei Bäckereien kaufen, und Fleisch in den zwei Metzgereien. Es gibt auch zwei Lebensmittelgeschäfte, sowie eine Gärtnerei, wo man Obst und Gemüse kaufen kann, und eine Gaststätte natürlich. Zeitungen und Zeitschriften findet man im Schreibwarengeschäft. Für die Schönheit sorgen zwei Friseure.

Schulen und Unterhaltung, zum Beispiel Sport, Kino, Theater und so weiter, findet man in der nächsten Stadt.

Wappen von Limbach

Translate the passage into English for your colleague with whom you are travelling.

6 Answer the following questions:

Example   Gefällt Ihnen dieses Parfüm? 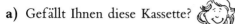 Ja, es gefällt mir gut.

a) Gefällt Ihnen diese Kassette?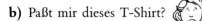

b) Paßt mir dieses T-Shirt?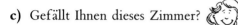

c) Gefällt Ihnen dieses Zimmer?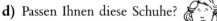

d) Passen Ihnen diese Schuhe?

e) Wie geht es ihm?

f) Schmeckt Ihnen der Wein?

7 How do you say in German:
a) I am looking for a food shop.
b) I don't know exactly.
c) Thank you for your help.
d) My daughter will be seven years old this year.

8 Listening comprehension

While waiting for a business colleague at the reception desk of a large German hotel you can hear the receptionist dealing with the queries of other guests. Listen to her instructions to each of the visitors, then using the map below establish the destination of each one and complete the table on the following page. *Gast A* has been done for you.

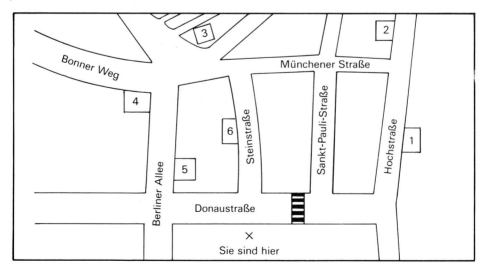

Person	Destination	
	Number (1–6)	Place
Gast A	*1*	*Tourist information office*
Gast B		
Gast C		
Gast D		
Gast E		

9 Reading comprehension

Wieviel Geld gibt man in Deutschland aus?

Für eine deutsche Familie mit vier Personen ist das Leben in Deutschland ziemlich teuer. Vom Bruttoeinkommen muß man zuerst Steuern und Sozialversicherung abziehen.

Im Durchschnitt gibt man circa 25 Prozent seines Nettoeinkommens im Monat für Nahrungs- und Genußmittel aus. Für Kleidung und Schuhe ist die Ausgabe ungefähr 8 Prozent, und für Wohnungsmieten braucht man im Durchschnitt 19,6 Prozent des Nettoeinkommens; für Strom, Gas und Brennstoffe 7,3 Prozent. Die Kosten für andere Haushaltsgüter sind 8 Prozent. Verkehr und Nachrichten (also öffentliche Vekehrsmittel, Benzin, Autoreparatur, Fahrkarten, Zeitungen und so weiter) sind auch nicht billig. Im Durchschnitt gibt man 14,8 Prozent seines Einkommens dafür aus. Für Bildung (zum Beispiel Abendkurse) und Unterhaltung (Kino, Theater und so weiter) gibt man 9 Prozent seines Einkommens aus. Für Körper- und Gesundheitspflege (Seife, Zahnpasta, Gymnastik usw.) ist der Betrag 3,2 Prozent. Man spart also im Monat normalerweise nicht viel Geld.

Figures taken from *Inter Nationes* (Erich Schmidt Verlag, 1987)

Answer the following questions in German.

a) Wieviel ihres Nettoeinkommens gibt eine deutsche Familie für Essen und Trinken aus?

b) Wievel braucht man für Verkehr und Nachrichten? Und Kleidung?

c) Was ist teurer, Essen und Trinken oder Wohnungsmieten?

d) Was ist billiger, Bildung und Unterhaltung oder Strom usw?

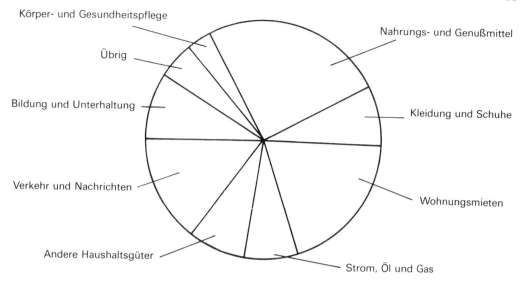

Körper- und Gesundheitspflege

Übrig

Bildung und Unterhaltung

Verkehr und Nachrichten

Andere Haushaltsgüter

Nahrungs- und Genußmittel

Kleidung und Schuhe

Wohnungsmieten

Strom, Öl und Gas

Summary

Useful phrases

1	Asking the way to somewhere	Ich suche die Königsallee Wo ist die? Wie komme ich am besten zur Münchener Straße? Wie komme ich am besten dahin?
2	Saying you don't exactly know	Ich weiß nicht genau
3	Asking about prices	Ist das nicht sehr teuer?
4	Thanking someone for his/her help	Ich danke für Ihre Hilfe.
5	Asking on what floor something can be found	In welchem Stock finde ich . . . ?
6	Saying you are only looking	Ich schau nur Ich schau mich nur um
7	Asking where a particular product is sold	Wo kann ich bitte Parfüm kaufen?
8	Asking if you can help	Kann ich Ihnen helfen?

Language forms

1 *Wissen*

ich weiß	wir wissen
du weißt	ihr wißt
Sie wissen	Sie wissen

er ⎫
sie ⎬ weiß   sie wissen
es ⎭

2 *Werden*

As well as being used as the auxiliary verb in the future tense, *werden* can also be used on its own to mean 'will be'.

Mein Sohn wird dieses Jahr sechs Jahre alt.

Es wird bald drei Uhr.

Werden is also used to mean 'to become'.

Es wird dunkel.

Es ist dunkel geworden.

3 Verbs taking the dative

Gefallen

Das gefällt ihm ganz bestimmt.

Passen

Das hier wird Ihrem Sohn sicher passen.

4 Demonstrative pronouns

These have the same form as the definite and demonstrative articles (see pages 39 and 53) and are used as a colloquial alternative form of personal pronoun, mainly for emphasis.

In welchem Stock finde ich bitte T-Shirts?

Die finden Sie hier im Erdgeschoß.

Kaufen Sie ein großes oder ein kleines T-Shirt?

Das hier wird mir sicher passen.

5 Indefinite pronouns

These have the following forms:

	Masculine	Feminine	Neuter
Nominative	einer	eine	eins
Accusative	einen	eine	eins
Dative	einem	einer	einem

Diese T-Shirts gefallen mir. Also, ich nehme *eins*.

6 Interrogative adjectives

These have the same endings as the definite article.

	Masculine	Feminine	Neuter	Plural
Nominative	welcher	welche	welches	welche
Accusative	welchen	welche	welches	welche
Genitive	welches	welcher	welches	welcher
Dative	welchem	welcher	welchem	welchen

Welche Größe trägt Ihr Sohn?

7 Numerals 100+

100 – hundert
200 – zweihundert
300 – dreihundert
usw.
110 – hundertzehn
150 – hundertfünfzig
250 – zweihundertfünfzig
350 – dreihundertfünfzig
usw.
1000 – tausend (this is used in the same way as *hundert* above)
1001 – tausendeins
2000 – zweitausend

Additional exercises

1

How do you write the following numbers in German?

a) 220
b) 172
c) 310
d) 978
e) 561
f) 436
g) 677
h) 789

2

Complete the gaps in the following sentences with the correct form of *welcher*.

a) Welch___ Hotel empfehlen Sie?
b) Welch___ Straße suchen Sie?
c) Welch___ Brief schreiben Sie?
d) Welch___ Bücher lesen Sie?
e) Welch___ Firma besuchen Sie?
f) Welch___ Wein trinken Sie?

Krankheit und Unfall

Beim Arzt

 While on a visit to a German factory, a British engineer, John Faulkner, feels unwell. He phones a doctor's surgery, and then goes to see the doctor.

Ingenieur:	Guten Tag. Ich möchte einen Termin für heute.
Stimme:	Moment bitte. Ich sehe mal nach . . . Können Sie um elf Uhr zwanzig kommen?
Ingenieur:	Ja, das geht.
Stimme:	Wie ist Ihr Name, bitte?
Ingenieur:	Ich heiße Faulkner.
Stimme:	Wie schreibt man das?
Ingenieur:	F-A-U-L-K-N-E-R. Ich bin Engländer.
Stimme:	Haben Sie einen Krankenschein?
Ingenieur:	Ich habe einen internationalen Krankenschein.
Stimme:	Bringen Sie den bitte mit.

(Beim Arzt)

Arzt:	Was fehlt Ihnen denn?
Ingenieur:	Ich habe Kopfschmerzen und Magenweh.
Arzt:	Wie lange haben Sie diese Schmerzen schon?
Ingenieur:	Seit gestern abend. Ich habe gar nicht geschlafen.
Arzt:	Machen Sie bitte den Mund auf . . . Hm, Ihr Hals ist rot und Sie haben auch Fieber . . . Sie haben eine Grippe. Sie müssen sofort ins Bett.

Dr. med. K.H. Kietzmann

Hals – Nasen – Ohrenarzt

Sprechstunden

Mo.	Di.	Mi.	Do.	Fr.	Sa.
9-12		9-12	9-12		9-11
15-18	15-18		15-18	15-18	

Ingenieur:	Ach, wie ärgerlich!
Arzt:	Ich gebe Ihnen ein Rezept. Eine Apotheke finden Sie gleich um die Ecke.
Ingenieur:	Also, danke, Herr Doktor. Soll ich gleich bezahlen, oder schicken Sie mir die Rechnung?
Arzt:	Die Sprechstundenhilfe erledigt das alles.
Ingenieur:	Danke. Auf Wiedersehen.
Arzt:	Auf Wiedersehen. Gute Besserung!

Practice

1 Answer the following questions on the engineer's visit to the doctor.

a) What time is the engineer's appointment?
b) What is he asked to do after giving his name?
c) What documentation is he asked to bring with him?
d) What pains does he complain of to the doctor?
e) Since when has he had these pains?
f) What sort of night did he have?
g) What is the doctor's diagnosis?
h) What does he tell the engineer to do?
i) What is the engineer's reaction?
j) Where is the nearest chemist?
k) Who deals with the question of the doctor's payment?

2 Making an appointment

The morning after arriving in Vienna to attend an international conference, you feel quite unwell. You decide to see a doctor. You phone the surgery to arrange an appointment. What do you say in German?

Sie:	(Say you would like an appointment for today.)
Stimme:	Moment mal, bitte . . . Können Sie um elf Uhr dreißig kommen?
Sie:	(Say that is fine.)
Stimme:	Wie ist Ihr Name, bitte?
Sie:	(Say your name is . . . You are English.)
Stimme:	Buchstabieren Sie das bitte.

Sie: (Spell out your name.)
Stimme: Haben Sie eine Krankenversicherung?
Sie: (Say you have a medical insurance record card [E111].)
Stimme: Bringen Sie den bitte mit.

3 Study the following conversation and phrases, then in pairs make up similar conversations.
   ● Wie geht es Ihnen?
   ■ Nicht gut.
   ● Was fehlt Ihnen?
   ■ Ich habe Halsschmerzen.
   ● Wie lange haben Sie diese Schmerzen schon?
   ■ Seit Montag.
   ● Am besten gehen Sie zur Apotheke/zum Arzt.
   ■ Ja, das mache ich.
   ● Also, gute Besserung.
   ■ Danke.

Mein	Kopf Mund Hals Rücken Herz Finger			
	linker rechter	Arm Fuß	tut	
	linkes rechtes	Bein Ohr Auge		weh.
Meine	linke	Hand		
	Nase			
Meine	Arme Füße Beine Ohren Augen		tun	

Ich habe	Kopfschmerzen.
	Magenschmerzen.
	Zahnschmerzen.
	einen Schnupfen/eine Erkältung.
	Halsschmerzen.
	Husten.
	Durchfall.
	Ohrenschmerzen.

Information

Wenn ein Arbeitnehmer in der Bundesrepublik krank ist, muß er am dritten Tag zum Arzt (oder zur Ärztin) gehen. Wenn er wirklich nicht arbeiten kann, bekommt er vom Arzt eine Arbeitsunfähigkeitsbescheinigung (*sick note*). Diese Bescheinigung muß der Arbeitnehmer dann seinem Arbeitgeber geben. Der Arbeitgeber muß den Lohn für sechs Wochen weiterzahlen, wenn der Arbeitnehmer so lange krank bleibt.

In der Apotheke

John Faulkner goes to the chemist to collect his medicine.

Apothekerin:	Guten Morgen. Kann ich Ihnen helfen?
Ingenieur:	Guten Morgen. Ich war gerade beim Arzt. Ich habe hier ein Rezept – bitte sehr.
Apothekerin:	Danke . . . Also, Sie bekommen Tabletten.
Ingenieur:	Wie oft muß ich die einnehmen?
Apothekerin:	Drei Tabletten pro Tag.
Ingenieur:	Muß ich die vor oder nach dem Essen einnehmen?
Apothekerin:	Nehmen Sie immer vor dem Essen *eine* Tablette mit etwas Wasser ein.
Ingenieur:	Und wie lange muß ich die einnehmen?
Apothekerin:	Bis sie alle aufgebraucht sind. Und wenn die Schmerzen nicht nachlassen, informieren Sie den Arzt sofort.
Ingenieur:	Also gut, ich danke Ihnen.
Apothekerin:	Nichts zu danken. Ich wünsche Ihnen gute Besserung.

Practice

1 At the chemist

After seeing the doctor in Germany, you go to the chemist with a prescription. What do you say in German?

Apotheker:	Guten Morgen. Kann ich Ihnen helfen?
Sie:	(Good morning. I have just been to the doctor. I have a prescription. Here it is.)
Apotheker:	Danke . . . Also, Sie bekommen Tabletten.
Sie:	(How often do I have to take them?)
Apotheker:	Drei Tabletten täglich.
Sie:	(Before or after meals?)
Apotheker:	Immer vor dem Essen, mit etwas Wasser.
Sie:	(How long do I have to take them?)
Apotheker:	Bis sie alle aufgebraucht sind. Und wenn es Ihnen nicht besser geht, gehen Sie sofort wieder zum Arzt.
Sie:	(Thank you. How much to the tablets cost?)
Apotheker:	Fünf Mark zehn.

2 While waiting to be served at the chemist you hear the following statements. Match each of the symptoms to one of the advertisements on the opposite page.

a) Mein Kopf tut weh, und ich bin erkältet.
b) Mein Magen tut weh, und ich muß die ganze Zeit zur Toilette laufen.
c) Meine Nase ist verstopft. Ich kann kaum atmen.
d) Ich bin ganz nervös und kann nicht schlafen.
e) Mein Hals tut weh.
f) Ich huste Tag und Nacht.
g) Ich habe eine Augenentzündung.

3 Notfälle

Study the following dialogue about a factory accident.
• Hallo, können Sie mir bitte helfen? In der Fabrik ist ein Unfall passiert.
■ Was ist denn geschehen?
• Frau Lohmann ist die Treppe heruntergefallen.
■ Ist sie verletzt?

- Ja, ihre Beine und ihr Rücken tun sehr weh.
- Rufen Sie schnell einen Krankenwagen.

While you are working in Germany, your colleague, Herr Norwak, suddenly becomes very ill. He has stomach-ache and a headache. You report this to your boss, Herr Kröger. Complete the following conversation.

Sie: Herr Kröger, _____
Herr Kröger: Was fehlt ihm denn?
Sie: _____
Herr Kröger: Ist er sehr krank?
Sie: _____
Herr Kröger: Rufen Sie schnell einen Krankenwagen.

4 Get together with a partner and work out a dialogue based on the following situations.

a) While walking to work you witness a traffic accident. You rush into the nearest office to call the police. Give the office worker in charge the location of the accident and tell him that at least one person is injured. He or she should therefore call an ambulance as well.

b) Someone rushes into your office in Germany to report a traffic accident and to ask you to call the police. Ask where the accident is and whether you should call an ambulance. Say that you will do it straight away.

5 Listening Comprehension

 On arriving at work one morning you listen to your boss's telephone answering machine and find a message from an Austrian company. After listening to the message write a memo for your boss (Mr Hall) giving the gist of the phone call.

After consulting with Mr Hall send a telex in reply. In this you should:

a) say you hope Dr Benning gets better.

b) say the first dates mentioned by Frau Wagner are not suitable as Mr Hall will not be in the office next week, but the second alternative would be suitable.

c) ask Frau Wagner to let you know Dr Benning's plans. You can then book a hotel room and tell other colleagues about the appointment.

6 Reading Comprehension

Die Republik Österreich

Allgemeines

Österreich ist einer der kleineren europäischen Staaten. Seit vielen Jahren bleibt die Einwohnerzahl bei etwa 7,5 Millionen mit zirka achtzig Einwohnern pro Quadratkilometer. Österreich ist zu 90 Prozent katholisch und zu sechs Prozent evangelisch. Die restlichen vier Prozent der Österreicher gehören zu anderen kleinen religiösen Gruppen. Von Westen nach Osten sind es 560 Kilometer mit einer maximalen Entfernung von Norden nach Süden von nur 280 Kilometern. Im Westen ist Österreich nur ungefähr 40 bis 60 Kilometer breit. Nördlich dieses Teils liegt Deutschland und südlich Italien. Im Westen liegt die Schweiz.

Österreich ist in neun Bundesländer eingeteilt. Jedes Land wählt seinen eigenen *chamber* Landtag und Landeshauptmann. Das Bundesparlament besteht aus zwei Kammern, dem Bundesrat mit 54 Vertretern der neun Landtage und dem Nationalrat mit 165 Abgeordneten.

Die Hauptstadt Österreichs ist Wien, eine internationale Stadt und ein bekanntes Industriezentrum.

Industrie und Arbeit

Viele der österreichischen Arbeiter sind in der Schwerindustrie (zum Beispiel Eisen und Stahl, und Schwermaschinenbau) beschäftigt. Die Feinmechanik (zum Beispiel Kameras und Mikroskope) ist weltberühmt. Wichtige Branchen der Industrie sind auch die Papier-, Kraftfahrzeuge- und Textilienindustrien. Tourismus und die Elektroindustrie spielen außerdem eine große Rolle. Österreich produziert sehr viel elektrische Energie und exportiert sie auch in andere Länder Europas.

Auf dem Land sind heute nur 7,6 Prozent der österreichischen Arbeiter beschäftigt.

a) Translate into English the section *Allgemeines*.
b) Answer the following questions in German:
  i) Was produziert man in der österreichischen Industrie?
  ii) Zu welcher Branche der Industrie gehören Kameras?
  iii) Was bedeutet „Tourismus und die Elektroindustrie spielen außerdem eine große Rolle"?
  iv) Warum ist elektrische Energie wichtig für Österreich?

Summary

Useful phrases

1	Making an appointment	Ich möchte einen Termin für heute
2	Asking someone to spell their name	Wie schreibt man das? Buchstabieren Sie das bitte
3	Asking what is wrong with someone	Was fehlt Ihnen? Was ist mit Ihnen los? Welche Beschwerden haben Sie?
4	Saying what is wrong with you	Ich habe Kopf-, Magen-, Ohrenschmerzen/weh
		Ich habe Durchfall/Fieber/ Husten/Schnupfen/eine Grippe
5	Expressing annoyance	Ach, wie ärgerlich!
6	Wishing someone a speedy recovery	Gute Besserung!

7 Asking how often to take tablets

Wie oft muß ich die Tabletten einnehmen?

8 Asking if tablets should be taken before or after meals

Muß ich die Tabletten vor oder nach dem Essen einnehmen?

9 Asking how long tablets should be taken

Bis wann muß ich die Tabletten einnehmen?

10 Asking what has happened

Was ist geschehen?

Language forms

1 **Imperative of separable verbs**
The prefix stands at the end of the sentence.
> *Nehmen* Sie vor dem Essen eine Tablette *ein*.
> *Bringen* Sie Ihren internationalen Krankenschein *mit*.

2 **Verbs taking the dative**
fehlen
> Was fehlt Ihnen?
(See also page 69 and 84.)

3 **Modal verbs**
dürfen

ich darf	wir dürfen
du darfst	ihr dürft
Sie dürfen	Sie dürfen
er	sie dürfen
sie } darf	
es	

> Darf ich mal sehen?

sollen

ich soll	wir sollen
du sollst	ihr sollt
Sie sollen	Sie sollen
er	sie sollen
sie } soll	
es	

> Soll ich gleich bezahlen?

mögen

ich mag	wir mögen
du magst	ihr mögt
Sie mögen	Sie mögen
	sie mögen

er ⎫
sie ⎬ mag
es ⎭

Note   The most commonly used form of mögen is *ich möchte, du möchtest* etc. meaning 'I would like' (conditional form).

4   *Seit* and *schon*

The words *schon* and *seit* are used to show how long something has been going on. Note that the past tense is used in English but the present tense is used in German.

  Wie lange haben Sie diese Schmerzen *schon*?

or

  Seit wann haben Sie diese Schmerzen?

are two ways of saying 'How long have you had these pains?'

Additional exercises

1   While travelling in Germany you are unwell and have to visit the doctor. In the waiting-room you hear the following conversations among the other patients. Complete the gaps with correct form of *können, wollen, müssen, mögen* or *dürfen*.

Ich _____ heute Herrn Dr. Braun sprechen. Ich habe seit Montag Magenschmerzen und _____ nichts essen oder trinken. Ich _____ nur schlafen.

Ich habe eine Grippe. Ich habe Kopfschmerzen, und meine Beine und Arme tun weh. Ich _____ morgen nach Österreich fliegen. Wenn es mir aber nicht besser geht, _____ ich das nicht. Ich _____ das aber, weil ich meine österreichischen Kollegen kennenlernen _____.

Mein Hals tut weh. Ich _____ Schmerztabletten nehmen, aber ich _____ täglich nur drei nehmen. Ich _____ nicht arbeiten, weil ich nicht sprechen _____, obwohl ich das _____.

2   Answer the following questions using *seit* with expressions of time.

Example   Seit wann hast du Kopfschmerzen? Seit Mittwoch/seit letzter Woche/seit gestern abend/seit zwei Tagen . . .

a) Seit wann haben Sie Kopfschmerzen?
b) Seit wann hat Ihr Kollege Zahnschmerzen?
c) Wie lange haben Sie schon Magenweh und Durchfall?

d) Wie lange haben Sie schon Halsschmerzen?

e) Seit wann hat Ihre Kollegin diese Erkältung?

f) Wie lange haben Sie schon Husten?

3 Here is a list of tasks to be accomplished by various people. Put their original instructions into the imperative.

Example   Frau Braun muß vor dem Essen eine Tablette einnehmen.

Nehmen Sie vor dem Essen eine Tablette ein.

a) Frau Schmidt muß zur Stadtmitte weiterfahren.

b) Die Sekretärin soll Herrn Müller vom Bahnhof abholen.

c) Herr Ergang muß den Arzt in einer Woche wiedersehen.

d) Ich muß das Fahrgeld in den Automaten einwerfen.

e) Fräulein Schreiber soll in Köln umsteigen.

Kapitel 8

Geld, Bank und Post

Auf der Bank

 Charles Roberts, an export manager, arrives in Germany on business. As he has had no time to obtain foreign currency in England, he goes straight to a bank on his arrival.

Angestellter:	Guten Tag. Kann ich Ihnen helfen?
Exportleiter:	Kann ich hier Reiseschecks einlösen?
Angestellter:	Ja, das können Sie schon. Darf ich Ihren Paß sehen?
Exportleiter:	Selbstverständlich. Bitte schön.
Angestellter:	Danke schön. Also, wieviel Geld möchten Sie?
Exportleiter:	Ich möchte für hundert Pfund D-Mark.

Angestellter:	Haben Sie nur Reiseschecks oder auch Bargeld?
Exportleiter:	Ich habe kein Bargeld, nur Reiseschecks. Wie steht der Kurs im Moment?
Angestellter:	Für ein Pfund bekommen Sie DM 3,14.
Exportleiter:	Vor einem Jahr habe ich viel mehr bekommen.
Angestellter:	So, unterschreiben Sie hier, bitte. Das Geld bekommen Sie drüben an der Kasse.
Exportleiter:	Geben Sie mir bitte vier Fünfzigmarkscheine, sechs Zehnmarkscheine und etwas Kleingeld. Vielen Dank. Auf Wiedersehen.

Information

Können Sie bitte wechseln?

Können Sie bitte diesen Zehnmarkschein in zwei Fünfmarkscheine wechseln?

Wenn Sie Geld wechseln wollen, gehen Sie zum Geldwechsel in der Bank, oder Sie finden einen Automaten für Münzen (einen Münzwechsler). Man wirft zum Beispiel ein Einmarkstück ein und bekommt zweimal fünfzig Pfennig zurück.

A

MÜNZWECHSLER

Deutsches Kleingeld

Practice

1 Cashing cheques

You are in a bank in Germany. What do you say in German?

Angestellter: Guten Tag. Kann ich Ihnen helfen?
Sie: (Ask if you can cash Eurocheques here.)
Angestellter: Ja, das können wir schon machen. Darf ich Ihren Paß sehen?
Sie: (Say yes, of course. Here it is.)
Angestellter: Danke schön . . . Also, wieviel Geld möchten Sie?

Sie:	(Say you have £50. Ask what the exchange rate is at the moment.)
Angestellter:	DM 2,90 für ein Pfund. Wie möchten Sie das Geld?
Sie:	(Say you would like two fifty-mark notes and some change.)
Angestellter:	Wenn Sie hier unterschreiben . . . So, danke. Gehen Sie jetzt bitte zur Kasse.
Sie:	(Say thank you very much. Goodbye.)

2 You are travelling abroad to Germany, Switzerland and Austria. In each country you have to go to the bank to exchange currency. Make up suitable dialogues with a partner, using the following table as a guide.

Land	Bargeld	Reiseschecks	Kurs	Scheine	Kleingeld
Deutschland		£40	DM 2,95/£	1 × 50,—DM 5 × 10,—DM	√
Deutschland	£35		DM 2,95/£	2 × 20,—DM 1 × 50,—DM	√
Schweiz		£65	sfr 2,57/£	15 × 10,—sfr	√
Österreich	£10	£70	öS 19,99/£	10 × 100 öS 8 × 50 öS	√

3 Before going to work in Germany, you write to various banks requesting information on opening an account. Along with their reply, the *Postbank* enclose details of customer facilities, including a leaflet on eurocards and eurocheques (see page 101).

  a) According to the leaflet, what is the advantage of eurocheques and eurocards over cash?

  b) Name three places where you can obtain cash using both eurocheques and cards.

  c) Where will you find eurocard cash dispensers?

  d) What is the German term for PIN number?

Eurocheques für Postbank Girokunden

In Verbindung mit der ec-Karte sind eurocheques so gut wie bares Geld. Nur sicherer. In Hotels, Restaurants, Geschäften usw., die das ec-Zeichen führen, können Sie problemlos mit eurocheques bezahlen. Sie können damit auch Bargeld beschaffen. Bei allen Postämtern, Banken und Sparkassen im Inland und im Ausland dort, wo Sie das ec-Zeichen sehen.

Für Ihre ec-Karte mit persönlicher Geheimzahl stehen rund 8.000 ec-Geldautomaten hier bei uns im Lande und 10.000 Geldautomaten in mehreren anderen Ländern für Sie bereit.

4 Get together with a partner and work out a dialogue based on the following situations:

a) You work for an international company in Germany. Your boss, Mr MacDonald, the Export Manager, has to travel to Scotland tomorrow to attend a conference. He needs travellers' cheques for the following amounts: two for £125, four for £75 and also £50 in loose change. Ring the bank to order the cheques and say that you would like to collect them tomorrow at 11.00.

b) You work at a German bank and receive a call from Computer International requesting travellers' cheques. Greet the caller and ask what he or she wants. After noting down the customer's requests, remind him or her to bring a passport or identity card to the bank.

Useful words and phrases:

- Guten Tag, Deutsche Bank, Schmidt
- Wie kann ich Ihnen helfen?
- zwei Reiseschecks zu £125
- 50 Pfund in Bargeld
- morgen geht in Ordnung
- im Wert von
- der Reisepaß
- der Personalausweis

Auf dem Postamt

While in Germany, Bob Bowman, a fitter, goes to the post office. He wants to post some letters and a parcel.

Monteur:	Guten Tag. Ich möchte ein Paket schicken.
Beamtin:	Ins Inland oder ins Ausland?
Monteur:	Nach Hamburg. Was kostet das denn?
Beamtin:	Ich muß es zuerst wiegen . . . So, zwölf Mark fünfzig, bitte. Hier ist der Einlieferungsschein für Ihr Paket. Sonst noch etwas?
Monteur:	Und diese Briefe möchte ich nach München schicken. Geben Sie mir bitte zwei Briefmarken zu einer Mark.
Beamtin:	Ein Inlandsbrief kostet nicht so viel.
Monteur:	Ach, ja, der kostet ja nur achtzig Pfennig.
Beamtin:	Also, ein Paket zu zwölf Mark fünfzig und zwei Briefmarken zu achtzig, das macht vierzehn Mark zehn zusammen.
Monteur:	(*Hands over money*) Bitte schön. Wo kann ich meine Briefe einwerfen?
Beamtin:	Den Briefeinwurf finden Sie gegenüber Schalter fünf.
Monteur:	Danke schön. Auf Wiedersehen.
Beamtin:	Auf Wiedersehen.

Practice

1 At the post office

You are at a German post office. You want to send a parcel and some letters to England. What do you say in German?

Sie: (Say good morning, you would like two one-mark stamps. Say you want to send the letters to England.)

Beamter: Bitte schön. Sonst noch etwas?

Sie: (Say you would like to send a parcel.)

Beamter: Ins Inland oder ins Ausland?

Sie: (Say it is going abroad, you want to send it to London. Ask how much this will cost.)

Beamter: Ich muß es zuerst wiegen . . . So, sechzehn Mark, bitte.

Sie: (Ask if you can have a certificate of posting.)

Beamter: Ja, selbstverständlich. Haben Sie noch einen Wunsch?

Sie: (Say no, that is all, thank you. Ask where you can post your letters.)

Beamter: Der Briefeinwurf ist gegenüber Schalter neun.

Sie: (Say thank you very much. Goodbye.)

2 Was sagt man im Postamt?

You are at the post office. Make up dialogues along the lines of the example below.

Example Sie: Geben Sie mir bitte drei Briefmarken zu achtzig Pfennig und eine Briefmarke zu einer Mark.

Beamter: Drei zu achtzig und eine zu einer Mark, das macht drei Mark vierzig.

3 You work as a translator for a British engineering company. The calendars and rulers intended as gifts for your German customers and promised to your subsidiary company in Duisburg for mid-December have not arrived. You receive a telex urgently requesting them (see page 104).

> *WIR BRAUCHEN DRINGEND 20 KALENDER UND ROSTFREI-*
> *LINEALE FUER UNSERE KUNDEN. BITTE SOFORT SCHICKEN.*
> *DIESE MUESSEN WIR MOEGLICHST VOR WEIHNACHTEN,*
> *UNBEDINGT VOR JAHRESENDE LIEFERN.*
> *MFG SCHMIDT*

Reply by telex in German, explaining that you sent a parcel off yesterday. They should let you know if the parcel does not arrive as you have a certificate of posting. (Remember that *MFG* stands for *mit freundlichen Grüßen* and that umlauts cannot be used, insert 'e' after the vowel: *fuer, faehrt* etc.)

4 What would you say if you wanted to:

a) cash travellers' cheques
b) ask about the exchange rate
c) ask for two 50-Pfennig stamps
d) post a letter
e) ask for change.

5 You and a friend go to a German post office to post some letters. Your friend does not understand this advertisement. Answer his questions.

a) What does *Postwertzeichen* mean?
b) What is the advertisement encouraging you to do?
c) Apart from the post office, where can you buy books of stamps?

6 Listening comprehension

You will hear a conversation between a British tourist and a clerk at a bureau de change. When you have listened to it, complete each sentence with the appropriate ending from the opposite column.

a) Ich möchte englisches Geld . . .   sinkt ständig!

b) Wie ist der Wechselkurs . . .   in D-Mark umwechseln.

c) Vor zwei Jahren . . .   Ihren Paß sehen?

d) Geben Sie mir D-Mark . . .   und etwas Kleingeld, bitte.

e) Ich will fünfzig Pfund . . .   für englisches Geld?

f) Darf ich . . .   war das noch DM 3,38.

g) Wollen Sie das Geld . . .   für hundert Pfund.

h) Ich möchte fünf Fünfzigmarkscheine und drei Zehnmarkscheine   in großen Scheinen?

i) Der Wechselkurs . . .   Reiseschecks einlösen.

j) Ach, das Pfund . . .   finden Sie auf der Quittung.

7 Reading comprehension

Die Deutsche Bundespost
Die Post
Die Post hat viele Berufe – das kann ein Architekt sein und ein Briefträger, ein Programmierer und ein Kraftfahrer, ein Fernmeldeingenieur und eine Dolmetscherin, ein Lehrer und ein Koch, eine Sekretärin und ein Drucker. Eine knappe halbe Million Menschen arbeiten für die Deutsche Bundespost – ein Drittel aller 'Postler' sind übrigens Postlerinnen.

Die Bundesdruckerei
Die Bundesdruckerei hat ihren Hauptsitz in West Berlin und Zweigbetriebe in Bonn und Neu Isenberg. Zu den Aufgaben dieses Großbetriebs gehören die Herstellung von Banknoten und Postwertzeichen, Sparbüchern und Reisepässen, Personalausweisen und Kraftfahrzeugbriefen.

Telefaxdienst
Der Telefaxdienst der Bundesrepublik ist sehr groß und ist schneller und billiger als der Telexdienst (Fernschreiberdienst) oder der Telefondienst. Für die Übertragung

von Zeichnungen und Plänen ist der Telefaxdienst besonders günstig. Neben dem Telefaxdienst spielen auch andere Dienste (zum Beispiel der Telexdienst, das öffentliche Datennetz und das Kabelfernsehen) eine wichtige Rolle.

Kennen Sie die Postleitzahl?

In jeder Adresse in Deutschland steht eine Postleitzahl. Mit Postleitzahlen kann man die Post schneller sortieren und zwischen Absender und Empfänger verteilen. Die Bundesrepublik hat acht große Leitzonen: Berlin mit der Nummer 1000, Hamburg 2000, Hannover 3000, Düsseldorf 4000, Köln 5000, Frankfurt 6000, Stuttgart 7000, München 8000. Innerhalb dieser Zonen kommen dann kleinere Zonen, zum Beispiel Bad Nenndorf 3052, Limbach 6951. Elektronische Sortieranlagen spielen jetzt eine große Rolle im Transport der Post zum Bestimmungsort.

Say whether the following statements are true or false.

a) Über eine halbe Million Leute arbeiten für die Deutsche Bundespost.
b) Mehr Frauen als Männer arbeiten für die Bundespost.
c) Die Bundesdruckerei druckt Briefmarken.
d) Mit dem Telefaxdienst geht alles sehr schnell.
e) Mit dem Telefaxdienst bekommt man Pläne nicht so schnell.
f) Ohne Postleitzahl verteilt man die Post nicht so schnell.
g) Angestellte der Bundespost müssen jede Postleitzahl selbst lesen und jeden Brief selbst sortieren.

Summary

Useful phrases

1 Asking if you can cash travellers' cheques	Kann ich hier Reiseschecks einlösen?
2 Saying how much money you want to change	Ich möchte hundert Pfund wechseln Ich möchte englisches Geld in D-Mark umwechseln
3 Asking about the exchange rate	Wie steht der Kurs im Moment? Wie ist der Wechselkurs für englisches Geld?
4 Saying how you want the currency	Geben Sie mir bitte vier Fünfzigmarkscheine, sechs Zehnmarkscheine und etwas Kleingeld

5	Saying you want to send a parcel	Ich möchte ein Paket schicken
6	Asking for a certificate of posting	Kann ich einen Einlieferungsschein haben?
7	Asking for stamps	Geben Sie mir bitte zwei Briefmarken zu einer Mark/zu achtzig
8	Agreeing with someone	Da haben Sie recht
9	Asking where you can post your letters	Wo kann ich meine Post einwerfen?

Language forms

1 *Einige*

This has the same endings as the demonstrative article (see page 53).
  Nach einiger Zeit
  Nach einigen Stunden
  Einige schöne Hotels

2 *Etwas*

a) Something
    Etwas Einmaliges
After *etwas*, *nichts* and *viel*, the adjective normally takes a capital letter and adds the ending *es*. Note however: *etwas anderes*.

b) Some
    Etwas Kleingeld

c) Somewhat
    Etwas billiger

3 *Kein*

This takes the same endings as the indefinite article in the singular and has the following endings in the plural:

Nominative	keine
Accusative	keine
Genitive	keiner
Dative	keinen

  Ich habe *kein* Bargeld.
  Er hat *keinen* Paß.
  Haben Sie *keine* Zehnmarkscheine?
(See also page 39.)

Additional exercises

1 Complete the following sentences with the correct form of *kein*.

Example Ich bin kein Engländer, ich bin Franzose.

a) Ich bin _____ Deutsche, ich bin Engländerin.
b) Das Zimmer hat _____ Balkon.
c) Hier gibt es _____ U-Bahn.
d) Haben Sie _____ Paß?
e) Der Beamte hat _____ Zehnmarkscheine.
f) Wir kaufen heute _____ Bücher.
g) Das ist _____ gutes Hotel.
h) Dieses Hotel hat _____ Garten.

2 Spelling is an important skill. Practise spelling the following:
a) Your own name and address
b) The name and address of your company, college, etc.
c) Your colleague's name.

3 What are the following dates in German?

Example 4.3. – Heute ist der vierte März *or* der vierte dritte.

a) 7.6.
b) 20.9.
c) 15.1.
d) 9.11.
e) 21.8.
f) 3.5.

Kapitel 9

Auto und Zoll

An der Zollgrenze

 Jim Smith is a lorry driver whose work frequently takes him to Germany. On this particular trip he is travelling to Essen to deliver books. He stops at the Dutch–German border.

Zollbeamter:	Guten Tag. Ihre Papiere bitte, Paß, Führerschein und grüne Versicherungskarte.
Fahrer:	Bitte schön.
Zollbeamter:	Alles in Ordnung. Wohin fahren Sie?
Fahrer:	Nach Essen. Ich liefere Bücher.
Zollbeamter:	Wie weit sind Sie heute schon gefahren?
Fahrer:	Von Rotterdam, also ungefähr 250 Kilometer. Ich bin mit dem Nachtschiff von Hull gekommen.
Zollbeamter:	Haben Sie etwas zu verzollen? Alkohol oder Zigaretten?
Fahrer:	Nein, gar nichts.
Zollbeamter:	Leider müssen wir Ihr Fahrzeug durchsuchen.
Fahrer:	Das gibt's ja nicht! Muß das sein?
Zollbeamter:	Tut mir leid. Wir müssen Stichproben machen. Fahren Sie bitte zum Parkplatz dort drüben.
Fahrer:	Ach, wie ärgerlich. Ich soll um elf Uhr in Essen sein. Das schaffe ich jetzt nicht mehr. Wie lange dauert das denn?
Zollbeamter:	Es dauert höchstens zehn Minuten, bestimmt nicht länger.

Practice

1 Answer in English:

   a) Welche Papiere will der Zollbeamte sehen?

   b) Wohin fährt Herr Schmidt?

   c) Wieviele Kilometer ist er heute gefahren?

   d) Wie ist er von Hull nach Rotterdam gefahren?

   e) Wann ist er gekommen?

   f) Was hat er zu verzollen?

   g) Warum muß der Zollbeamte Herrn Schmidts Fahrzeug durchsuchen?

   h) Wo muß Herr Schmidt sein Fahrzeug parken?

   i) Wie lange dauert die Durchsuchung?

   j) Um wieviel Uhr soll Herr Schmidt in Essen sein?

2 You are at the German–French border on the way home from holiday with your family. What do you say in German?

Zollbeamter:	Guten Tag. Ihre Pässe bitte.
Sie:	(Show your passports.)
Zollbeamter:	Alles in Ordnung. Wohin fahren Sie?
Sie:	(Say you are going to Calais. You are getting the ship to England.)
Zollbeamter:	Haben Sie etwas zu verzollen?
Sie:	(Say you have only two bottles of wine.)
Zollbeamter:	Leider müssen wir Ihr Auto durchsuchen.
Sie:	(Say you find this most annoying. You have to be in Calais for three o'clock, and you won't make it now.)
Zollbeamter:	So lange wird es nicht dauern. Wir brauchen nur ein paar Minuten.

3 You will be travelling by car to Germany and need to understand certain road signs. Match each sentence below with a corresponding sign.

   a) Der Verkehr darf nur in eine Richtung fahren.   1

   b) Hier dürfen Sie nicht fahren.   2

c) Hier dürfen Fahrzeuge über 10 m Länge nicht fahren.   3

d) Wenn ein Auto von der rechten Seite kommt, müssen   4
Sie halten. (Rechts hat Vorfahrt.)

e) Sie dürfen nicht schneller als 60 km pro Stunde fahren.   5

f) Sie haben auf dieser Straße Vorfahrt.   6

g) Straßenbahnhaltestelle.   7

h) Hier ist das Halten und Parken verboten.   8

i) Kinder gehen über die Straße.   9

j) Die Straße wird enger.   10

Information

Wenn man selbst tankt, bekommt man manchmal einen Beleg. Diesen Beleg nimmt man mit zur Kasse, wo man bezahlen muß.

An der Tankstelle

Andrea Brown, a British businesswoman, is driving through Germany to attend a trade fair in Hannover. En route she stops at a petrol station.

Geschäftsfrau:	Volltanken, bitte.
Tankwart:	Super oder Normal?
Geschäftsfrau:	Super, bitte. Und machen Sie bitte auch den Reservekanister voll.
Tankwart:	Ja, sofort. Soll ich auch den Ölstand prüfen?
Geschäftsfrau:	Danke, nein. Ich habe erst vorgestern nachgesehen. Aber kontrollieren Sie bitte den Reifendruck.
Tankwart:	Ich sehe mal nach . . . Der Luftdruck ist in Ordnung. Haben Sie noch einen Wunsch?
Geschäftsfrau:	Danke, das ist alles. Was macht das, bitte?
Tankwart:	Also, dreißig Liter Super, zweiundvierzig Mark, bitte.
Geschäftsfrau:	Ich habe leider nur einen Fünfhundertmarkschein. Können Sie bitte wechseln?
Tankwart:	Ja, näturlich.
Geschäftsfrau:	Kann ich eine Quittung haben?
Tankwart:	Selbstverständlich. Bitte schön.
Geschäftsfrau:	Danke schön. Auf Wiedersehen.
Tankwart:	Auf Wiedersehen. Gute Fahrt.

Practice

1 Was ist richtig, was ist falsch?

a) Der Tankwart soll den Reservekanister vollmachen.

b) Der Tankwart prüft den Ölstand.

   c) Der Reifendruck ist in Ordnung.

   d) Die Geschäftsfrau hat kein Kleingeld.

2 Here are some other reasons for stopping at a *Tankstelle* or *Werkstatt*:

- das Auto reparieren
- die Bremsen prüfen
- den Wagen waschen
- die Reifen wechseln
- den Reifendruck prüfen
- das Wasser nachfüllen

Practise using these expressions in sentences.

Examples   Prüfen Sie bitte die Bremsen.

           Ich muß das Wasser nachfüllen.

           Wir haben die Reifen gewechselt.

3 Get together with a partner and devise a dialogue based on the following situation:

You stop off at a petrol station in Switzerland before travelling back home. Ask the petrol attendant to fill your car up with petrol, check the tyre pressure and oil, and top up the water. When everything is complete, ask what it costs.

Take the part of the petrol attendant. Ask what sort of petrol the customer requires, and tell him how much petrol you have put in. Comment on each of the other tasks as you complete them.

4 Welcher Wagen ist besser?

Technische Daten	VW Polo	Opel Corsa	BMW 525i
Preis	ab DM 15 485,—	ab DM 16 305, —	ab DM 49 900,—
Höchstgeschwindigkeit km/Stunde	147	153	217
Benzinverbrauch l/100 km bei 90 km/Stunde	4,9 (Normal)	4,7 (Super)	7,2 (Super)
Gewicht (kg)	750	772	1450
Abmessungen:			
Breite (m)	1,58	1,53	1,75
Länge (m)	3,65	3,62	4,72

a) Read the following passage:

Der VW Polo kostet ungefähr 14 485 DM. Er hat eine Höchstgeschwindigkeit von 147 Kilometern und verbraucht 4,9 Liter Normalbenzin pro 100 Kilometer. Er wiegt 750 Kilo und hat eine Länge von 3,65 Metern und eine Breite von 1,58 Metern.

Now write a similar account for the Opel Corsa or the BMW 525i.

b) The following text compares the VW and the Opel.

Der VW ist billiger als der Opel, und er fährt langsamer. Er verbraucht mehr Benzin pro 100 km als der Opel, aber Benzin für den Opel ist teurer als für den VW. Der VW ist nicht so schwer wie der Opel und ist auch etwas länger und breiter als der Opel.

Now compare the BMW with either the VW or the Opel.

c) If you have a car, describe it briefly. Use some of the information on page 113 as a guideline.

5 At-sight translation

A German friend has sent you a copy of the following advertisement for a job that he has applied for. Explain to your family in general terms what the advertisement says.

Ausbildungsplätze für Berufskraftfahrer

In Westeuropa sind wir eine erfolgreiche und moderne Spedition. Qualität und Service haben uns international bekannt gemacht.

Wir brauchen jetzt junge Menschen für interessante Arbeitsplätze zum 1.1.1990 (Mindestalter: 21 Jahre). Wenn Sie Interesse haben, bitte schicken Sie uns Ihren Lebenslauf zusammen mit Lichtbild und Zeugnissen an:

Lohmann Spedition, Dortmunderstr. 7, 4400 Münster Tel. 045021/8030 Telex 862310

---

6 You are visiting Bad Embach in the car and have to keep stopping to ask the way. Working in pairs, direct each other to different places on the map (page 115). Remember to distinguish between *fahren* and *gehen*.

You will find the following words and phrases useful:
- die Verkehrsampeln
- der Kreisverkehr
- Entschuldigen Sie bitte

- Wie komme ich am besten zum/zur . . .
- Gibt es hier in der Nähe ein(e) . . .
- Ich bin hier fremd
- Verstehen Sie?
- Sind Sie mit dem Auto?
- Gehen Sie zu Fuß?

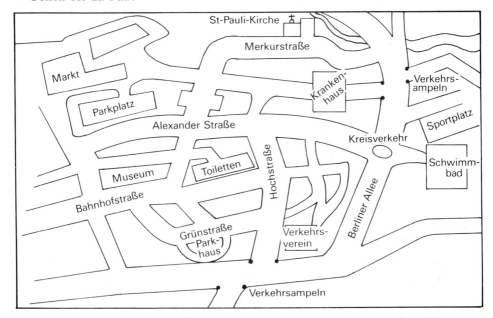

7 Listening comprehension

 You will hear a conversation between a policeman and a motorist, Herr Kramer, whose car has broken down (*Er hat eine Panne*).

After you have listened to the conversation, complete the phrases in column A with an appropriate phrase from column B.

Column A	Column B
Die Batterie ist	in der nächsten Straße.
Herr Kramer hat	dem Polizisten seinen Führerschein.
Die Werkstatt ist	wenn er innerhalb von 30 Minuten nicht zurückkommt.
In der Grünstraße darf	Benzin gekauft.
Herr Kramer zeigt	in Ordnung.
Herr Kramer wird eine Geldstrafe bekommen,	man nicht parken.

8 Reading comprehension

Die Schweiz

Die Schweiz liegt mitten in Europa und hat als Nachbarländer Deutschland, Österreich, Italien und Frankreich. Das Land ist in 26 Kantone eingeteilt mit 3000 Gemeinden und Städten. Die meisten Städte der Schweiz sind nicht sehr groß. (Zürich hat 356 800 Einwohner, dann kommt Basel mit 177 900 Einwohnern.) Sie sind fast 'auf dem Land'. Man kommt also in wenigen Minuten beinahe immer ins Grüne.

Ein modernes Verkehrsnetz (Autobahn, andere Straßen und Bahn) verbindet die Gemeinden und Städte. Es gibt auch fünf Flughäfen: in Zürich, Genf, Basel, Bern und Lugano.

Industrie und Handel sind in der Schweiz sehr wichtig. An der Spitze der Exportliste stehen heute Maschinen, Filmapparate und chemische und pharmazeutische Produkte. Andere wichtige Ausfuhrgüter (Exportgüter) sind Textilien, Uhren und Lebensmittel.

Answer these questions in German, using the text above and the information on the opposite page.

a) Wieviele Einwohner hat die Schweiz?
b) Wie heißen die Nachbarländer der Schweiz?
c) Welche Güter exportieren die Schweizer?
d) Ist Bern eine große oder eine kleine Stadt?
e) Warum ist das Verkehrsnetz sehr wichtig?
f) Wie kann man innerhalb der Schweiz reisen?
g) Welche Sprachen spricht man dort?
h) Wie heißen die zwei Hauptreligionen der Schweiz?
i) Wieviele Kilometer ist die Schweiz lang. Und breit?
j) Wie groß ist die Fläche der Schweiz?

Einwohnerzahl	6,4 Millionen
Hauptstadt	Bern
Einwohnerzahl von Bern	142 000
Fläche	41 293 km^2
Länge (Norden–Süden)	220 km (137 Meilen)
Breite (Westen–Osten)	348 km (216 Meilen)
Sprachen	Deutsch Französisch Italienisch Romanisch
Religionen	katholisch evangelisch

Summary

Useful phrases

1	Expressing irritation	Das gibt's ja nicht!
2	Saying you cannot do something anymore	Das schaffe ich nicht mehr
3	Asking for petrol	Volltanken bitte Dreißig Liter Super/Normal Bitte machen Sie den Reservekanister voll
4	Asking for something to be checked	Bitte prüfen Sie den Ölstand Bitte kontrollieren Sie den Reifendruck
5	Saying you have checked something	Ich habe schon nachgesehen
6	Saying that is all	Das ist alles
7	Asking about the cost	Was macht das?
8	Asking if someone can change a banknote	Können Sie wechseln?

   9 Asking for a receipt   Kann ich eine Quittung haben?

  10 Asking what is wrong   Was ist denn los?

Language forms

1 The comparative
Der VW ist *billiger als* der Opel.
Der VW ist nicht *so teuer wie* der Opel.
Der VW verbraucht *mehr* Benzin *als* der Opel.
Der Opel verbraucht nicht *so viel* Benzin *wie* der VW.

2 Interrogatives
Wohin fahren Sie?
Wie weit sind Sie gefahren?
Wieviel Geld möchten Sie?

3 Subordinate clauses
A subordinate clause preceding the main clause is immediately followed by the main verb.
   Wenn man selbst *tankt, bekommt* man einen Beleg.

Additional exercises

1 Complete the gaps in the following sentences with *als* or *wie*.
  a) Die Durchsuchung Ihres Lastkraftwagens dauert nicht länger ____ ein paar Minuten.
  b) In der Stadt darf man nicht so schnell ____ auf der Autobahn fahren.
  c) Hier dürfen Sie nicht schneller ____ sechzig Kilometer fahren.
  d) In dieser Straße darf man nicht länger ____ neunzig Minuten parken.
  e) An dieser Tankstelle kostet das Benzin nicht so viel ____ dort drüben.
  f) Kennen Sie ein größeres Hotel ____ das Schloß-Hotel?

2   Re-arrange the structure of these sentences so that they begin with *wenn*.

    Example   Es kostet mehr, wenn man Super-Benzin kauft.

                 Wenn man Super-Benzin kauft, kostet es mehr.

a) Ich möchte vier Fünfzigmarkscheine, wenn das geht.

b) Gehen Sie zur Stadtmitte, wenn Sie Geschenke kaufen wollen.

c) Wir können hier bleiben, wenn Sie müde sind.

d) Man muß den ADAC rufen, wenn man eine Panne hat.

e) Ich muß zur Bank gehen, wenn wir kein Geld haben.

f) Wir können Ihnen unsere Stadt zeigen, wenn Sie möchten.

Kapitel 10

Stadtbesichtigung und Freizeit

Spaziergang durch die Stadt

 During a business trip to a trade fair in Düsseldorf, Karen Clark, the Sales Director of a British company, is given a tour of the city by her opposite number, Hedwig Stingl, from the German company she has been visiting.

Die Altstadt, Düssseldorf

Stingl: Sind Sie zum ersten Mal in Düsseldorf?

Clark: Ja.

Stingl: Möchten Sie heute die Stadt besichtigen? Heute nachmittag haben wir bestimmt etwas Zeit.

Clark: Ja, gern. Düsseldorf soll sehr schön sein.

Stingl: Ja, das stimmt. Es soll eine der schönsten Städte Europas sein. Wollen Sie zuerst die Königsallee sehen? Sie ist Düsseldorfs bekannteste und eleganteste Straße.

Clark: Das wird bestimmt interessant.

Stingl: Nachher könnten wir in der Altstadt ein bißchen spazierengehen. Dort gibt es allerlei Interessantes – einen großen Marktplatz, Spezialgeschäfte, Antiquitätenläden, Kirchen, Kneipen, angenehme Restaurants, alte Gebäude und so weiter.

120

Clark: Ich glaube, in dieser Stadt langweilt man sich nie.

Stingl: Und dann müssen wir einen Spaziergang am Rheinufer machen, wenn wir
            noch Zeit haben.

Practice

1   Answer the following questions:

a) Wie oft schon ist Karen Clark in Düsseldorf gewesen?

b) Was wissen Sie über die Königsallee?

c) Wo genau in der Altstadt kann man einkaufen?

d) Was machen Karen Clark und ihre Kollegin in der Altstadt? Und später?

e) Was wissen Sie über Düsseldorf von diesem Dialog?

f) An welchem Fluß liegt Düsseldorf?

2   You are on a business trip in Vienna. You host invites you to visit the sights. What do
        you say in German?

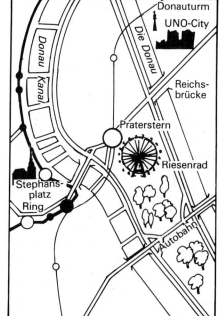

Gastgeber: Sind Sie zum ersten Mal in
             Wien?

Sie: (Say yes, you are.)

Gastgeber: Möchten Sie die Stadt
             besichtigen? Wir haben heute
             Zeit.

Sie: (Say yes, you would like to.)

Gastgeber: Möchten Sie zuerst die
             Ringstraße sehen? Sie ist
             Wiens eleganteste Straße und
             hat viele imposante Gebäude.

Sie: (Say yes, and then you would
             like to see the river.)

Gastgeber: Die Donau ist ja sehr schön.
             Dann könnten wir zum Prater
             fahren. In diesem Park
             befindet sich das Riesenrad,
             das größte der Welt.

Sie: (Say it is very impressive. You saw it in the film *The Third Man*.)

3   You are in Düsseldorf with friends and want to go on a river trip. You have found the following leaflet, but as your friends do not understand German, you must answer their questions.

a) Do the boats run all the year round?
b) What are the furnishings like?
c) Will we get decent food and drink?
d) What age groups are there likely to be on board?
e) Does the leaflet sound welcoming?
f) Is there a choice of excursions?

> Eine Fahrt auf dem Rhein ist immer wieder ein Erlebnis – nicht nur für die Kinder. Und dieses Vergnügen sollten Sie auf keinen Fall versäumen, wenn Sie in Düsseldorf sind.
>
> Die schmucken Passagierschiffe der Rheinbahn sind komfortabel eingerichtet. Wenn Sie Hunger oder Durst haben, dann finden Sie an Bord Bars und Restaurants.
>
> Von Ostern bis Ende September können Sie mit uns fahren. Nehmen Sie an einer unserer zahlreichen Ausflugsfahrten teil, z.B. nach Königswinter mit dem Drachenfels oder nach Zons, einer kleinen Römerstadt am Rhein.
>
> Fahren Sie mit uns, wir freuen uns, Sie als Gast an Bord zu haben.

Ein Dampfer auf dem Rhein

Im Stadtzentrum

 Michael Newby is entertaining a visitor from Germany, and today he is showing him around London. After hearing the conversation, answer the questions that follow.

Newby: Wenn Sie Lust haben, können wir heute Londoner Sehenswürdigkeiten besichtigen.

Gast: Ja, gern.

Newby: Sind Sie zum ersten Mal in London?

Gast: Als Kind war ich einmal mit meinen Eltern hier, aber ich kann mich nicht so genau daran erinnern. Wir hatten kein Auto und mußten immer zu Fuß gehen. Meine Schwester studierte damals nicht weit von London.

Newby: Dann gibt es viele Möglichkeiten. Möchten Sie lieber eine Stadtrundfahrt machen oder ein bestimmtes Stadtviertel kennenlernen?

Gast: Als Geschäftsmann interessiere ich mich besonders für die City. Die möchte ich unbedingt sehen, wenn's geht.

Newby: Das geht schon. Wir können ruhig den ganzen Tag dort verbringen. Möchten Sie mit dem Bus oder mit dem Auto fahren?

Gast: Was empfehlen Sie?

Newby: Vom Bus aus kann man viel besser sehen. Wir können nämlich im Doppeldecker oben sitzen.

Gast: Also gut. Fahren wir mit dem Bus.

Practice

1 Answer the following questions:

  a) Was weiß der Gast über seinen letzten Besuch in London?
  b) Was möchte der Gast lieber machen? Warum?
  c) Wieviel Zeit haben Newby und sein Gast?
  d) Warum nehmen sie den Bus?
  e) Wann war er zum letzten Mal in London?
  f) Ist er zum letzten Mal mit dem Wagen gekommen?

2 Get together with a partner and make up a conversation along these lines:

  a) You propose taking a German visitor to see the sights of your town. Ask your visitor if he or she would like to do this, and whether he or she is there for the first time. Ask which is preferable, a tour of the town or looking at a particular tourist attraction. Then ask whether he or she would prefer to go by bus, car or on foot.
  b) Take the part of a German being entertained by an English host. Tell him or her you would prefer a tour of the town and would like to go by car, as you can travel further and see more that way.

3 While on a language course in Düsseldorf you are taken on a conducted bus tour of the area. The next day you are provided with a summary of the guide's introduction, but there are gaps for you to fill with reflexive verbs.

Use the following reflexive verbs to fill the gaps.
  • sich über etwas freuen – to be glad about, take pleasure in something
  • sich interessieren für – to be interested in
  • es sich bequem machen – to make oneself comfortable
  • sich entspannen – to relax
  • sich wohlfühlen – to feel at ease
  • sich befinden – to be
  • sich auf etwas freuen – to look forward to something
  • sich bedanken – to thank someone
  • sich verlieben in – to fall in love with
  • sich langweilen – to be bored
  • sich amüsieren – to have fun
  • sich setzen – to sit down

Guten Tag, meine Damen und Herren

Willkommen an Bord

Wir machen heute eine schöne Rundreise der Stadt Düsseldorf und seiner Umgebung. Sie _____ _____ jetzt in einem Düsseldorfer Ausflugsbus. Bitte _____ Sie _____, und _____ Sie es _____. Heute nachmittag _____ Sie _____ bestimmt nicht. Sie werden _____ über unsere elegante Stadt _____. Wir haben für jeden Geschmack etwas, zum Beispiel wenn Sie _____ für Geschichte _____, wird unser Schloß Benrath Ihnen sicher gefallen. Wenn Sie aber für das Einkaufen schwärmen, werden Sie _____ im neuen Einkaufszentrum _____.

Fast jeder Besucher _____ _____ in unsere schöne Stadt am Rhein. Ich persönlich _____ _____ auf einen Bummel durch die Altstadt mit seinen vielen Restaurants, Boutiquen, Kneipen und Straßenkünstlern. Ich sehe, wir haben auch Kinder an Bord. Ihr werdet _____ auch nicht _____. Im Rheinstadion, auf dem Wochenmarkt und auf der Kirmes werdet ihr _____ gut _____. Dann können wir _____ vor unserer Rückkehr zur Stadtmitte beim Kaffeetrinken etwas _____. So, meine Damen und Herren, ich _____ für Ihre Aufmerksamkeit und wünsche Ihnen noch einen schönen Nachmittag.

4 While waiting at the tourist office for information you overhear five instructions. Match each instruction with one of the following places of interest:

das Kino   das Theater
die Kunstgalerie   das Museum.
das Schwimmbad

5 Sustained speaking/writing

Describe the scene in this picture, orally first, then in writing, giving as much information as possible.

6 Your company is holding a three-day conference for representatives from its European subsidiary companies, and you are helping to organise entertainment during the daytime for the representatives' wives. Your boss dictates a letter to the German subsidiary company giving an outline of possible activities. Listen to the letter and write down a complete version of it.

7 Translation

You are working for an international organisation in Switzerland and have been asked to translate into English a leaflet to be issued to foreigners coming to work in Switzerland.

Touristische Informationen hören Sie über Telefonnummer 120, Wetterberichte über Nummer 162. Teletext und Videotext informieren ebenfalls laufend über das Neuste. Nützliche Rufnummern: Pannenhilfe 140, Polizei 117, Feuerwehr 108, Straßenzustand 163. Diese und weitere Nummern können Sie in allen offiziellen Telefonbüchern auf den blauen Seiten finden. Ladenöffnungszeiten: Montag bis Freitag in der Regel 08.00–18.30 Uhr, am Samstag meistens bis 16.00 Uhr. Auf den wichtigen Bahnhöfen sind Lebensmittel-Automaten installiert. Allgemeine Feiertage sind: Neujahr, Ostern, Auffahrt, Pfingsten und Weihnachten. Der 1. August ist Nationalfeiertag. Über kantonale und lokale Feiertage geben die örtlichen Verkehrsbüros Auskunft. Service inbegriffen gilt in allen Restaurants. Ein Bedienungsgeld ist für Gepäckträger, an Tankstellen mit Kundendienst und in einigen Städten für Taxichauffeure üblich.

Adapted from a text published by the Swiss National Tourist Office

---

8 In pairs talk about what you like doing in your free time.

Example   Am Samstag muß ich arbeiten, aber ich möchte lieber Golf spielen.

9 Listening comprehension

 The representative of a British company is in Recklinghausen on a business visit. While there, she is given a tour of the town. Listen to the conversation, then complete the gaps in the English script.

This is the representative's _____ visit to Recklinghausen, but she has been to the Ruhr District _____ times before. During the afternoon she is going to see _____.

Recklinghausen is a _____ town with many interesting _____. It is no longer a typical _____. The _____ building is St Peter's church. It dates from the _____ century. The baroque style Engelsburg is now a _____. There are a few half-timbered houses. In one of them there is a _____.

Apart from _____ and art galleries, Recklinghausen has a festival theatre. The Planetarium is another _____. 40 000 people _____ it annually. For animal lovers there is the _____.

Marktplatz mit Propstei-Kirche St. Peter, Recklinghausen

10 Reading comprehension

Solingen – Klingenstadt Deutschlands

Seit über 700 Jahren stellt man in Solingen Schneidwaren her. Diese Tradition begann mit dem Schwert, dann kamen Messer und später Gabel und Löffel mit Griffen aus Silber und Porzellan, Werkzeuge, Scheren und andere Schneidegeräte, jetzt hauptsächlich aus rostfreiem Stahl. Heute, mit 170 000 Einwohnern und eine knappe halbe Stunde mit dem Auto von Düsseldorf entfernt, ist Solingen eine moderne Industriestadt. Ungefähr 350 hauptsächlich kleine oder mittlere Betriebe produzieren Schneidwaren. Der größte Teil dieser Betriebe beschäftigt weniger als 1000 Menschen, bei vielen sind weniger als 20 Mitarbeiter beschäftigt. Es gibt auch viele Heimarbeiter. Diese Leute führen Aufträge in ihren eigenen Werkstätten aus.

Die Solinger Schneidwarenindustrie ist weltbekannt. Rund 50 Prozent der Produktion verkauft man innerhalb der Bundesrepublik. Die andere Hälfte exportiert man, zum Beispiel nach Nordamerika und Japan und in die arabischen Staaten.

In Solingen sieht man eine Mischung von Altem und Neuem, hier eine moderne Kirche oder Fußgängerzone, dort ein altes Gebäude mit Schieferdach und Fachwerk. Die alte Tradition lebt gut mit der Gegenwart zusammen.

a) Summarise the passage in English.

b) Answer in German:
  i) Seit welchem Jahrhundert stellt man in Solingen Schneidwaren her?
  ii) Wie lange fährt man von Düsseldorf nach Solingen?
  iii) Wo arbeiten Heimarbeiter?
  iv) Ist die Solinger Schneidwarenindustrie berühmt?
  v) Wieviel Prozent der Produktion geht ins Ausland?
  vi) Wie sind die Gebäude in Solingen?

Der Marktplatz, Solingen

Summary

Useful phrases

1 Inviting someone to see the town/sights

Möchten Sie die Stadt/ Sehenswürdigkeiten besichtigen/sehen? Wollen Sie die Königsallee sehen? Möchten Sie zuerst die Ringstraße sehen?

2	Expressing acceptance	Ja, gern Das wird bestimmt interessant Sehr gerne
3	Making a suggestion	Nachher könnten wir ein bißchen spazierengehen Dann könnten wir zum Prater fahren
4	Expressing agreement	Ja, das stimmt Meine ich auch
5	Inviting someone to express a preference	Möchten Sie lieber eine Stadtrundfahrt machen oder ein bestimmtes Stadtviertel kennenlernen?
6	Stating possibility	Das geht schon
7	Asking for a recommendation	Was empfehlen Sie?
8	Welcoming someone	Willkommen in . . .

Language forms

1 **The imperfect (simple past) tense**

This is often used as an alternative to the perfect tense, particularly in written German.
It is the tense commonly used in telling stories and relating incidents and in saying
what happened on a regular or prolonged basis.

a) Regular verbs

The imperfect is formed by removing *en* from the infinitive and adding the
appropriate endings.

studieren	wir studier*ten*
ich studier*te*	
du studier*test*	ihr studier*tet*
Sie studier*ten*	Sie studier*ten*
er sie } studier*te* es	sie studier*ten*

Note   Where the stem ends in *t* or *d*, add *e* between the stem and the
ending.

ich arbeit*ete*

wir erwart*eten*

b) Irregular verbs

These verbs change their stem and add the following endings (note that *ich* and *er/sie/es* do not have an ending).

kommen

ich kam	wir kam*en*
du kam*st*	ihr kam*t*
Sie kam*en*	Sie kam*en*

er ⎫
sie ⎬ kam   sie kam*en*
es ⎭

c) Mixed verbs

Mixed verbs change their stem and add regular endings.
denken → dachte
erkennen → erkannte

2 Reflexive verbs

Reflexive verbs take a reflexive pronoun after the verb.
sich interessieren

ich interessiere *mich*	wir interessieren *uns*
du interessierst *dich*	ihr interessiert *euch*
Sie interessieren *sich*	Sie interessieren *sich*

er ⎫
sie ⎬ interessiert *sich*   sie interessieren *sich*
es ⎭

Als Geschäftsmann interessiere ich *mich* besonders für die City.
Er hat *sich* gelangweilt.
Setzen Sie *sich*.

3 Dependent infinitive clauses

These express the content of what is wished, preferred, hoped for, etc. The verb in these clauses is placed at the end, and preceded by *zu*.
Es freut mich, Sie *kennenzulernen*.

4 Towns/cities used as adjectives

The letters *er* are added to the name of a town or city when it is used adjectivally. This adjective ending is used in all cases.
die Frankfurt*er* Allgemeine
das Hamburg*er* Abendblatt
Ich gehe zum Wien*er* Prater.

5 The superlative

This is formed by adding *ste* or *este* to the adjective. The vowels a, o, and u often take an umlaut.

bekannt → der/die/das bekannt*este* ... Deutschlands
alt   → der/die/das ält*este* ... Wiens
groß → der/die/das größ*te* ... der Welt

Additional exercises

1 The following verbs are all regular. Give the imperfect form in the third person singular and plural of *parken, arrangieren, informieren, telefonieren*; and the first person singular and plural of *warten, volltanken, machen* and *spielen*.

2 Complete each of the following sentences with a reflexive pronoun.

a) Langweilen Sie _____?
b) Wir machen es _____ bequem.
c) Ich interessiere _____ sehr für Geschichte.
d) Wir bedanken _____ für Ihr Schreiben.
e) Das Kind freut _____ über den Ausflug.
f) In der Altstadt befinden _____ viele Restaurants.
g) Meine Frau und ich freuen _____ auf die Stadtbesichtigung.
h) Der Gast kann _____ an seinen Besuch nicht so genau erinnern.

Transcripts of listening comprehensions and dictations

Chapter 1, exercise 8 (page 9)

- Guten Tag, ich heiße Richard Hill.
- Guten Tag, Wilhelm Jaeger aus Hamburg. Woher kommen Sie?
- Ich bin Engländer. Ich wohne in Luton, aber ich arbeite in London.
- Bei welcher Firma sind Sie?
- Ich bin Verkaufsleiter bei der Firma Stonecraft. Und Sie?
- Ich bin Geschäftsführer der Firma Alsterwerk. Sind Sie zum ersten Mal in Deutschland?
- Nein, ich komme sehr oft nach Deutschland.
- Das glaube ich. Sie sprechen nämlich sehr gut Deutsch.
- Danke schön.

Chapter 2, exercise 1 (page 15)

a)	Wann kommt Herr Schmidt?	Am vierten Mai
b)	Wann fliegt Herr Johnson nach Deutschland?	Am neunten Mai
c)	Wann besuchen Sie die Firma Sasshofer?	Am zweiten Mai
d)	Wann kommen Sie nach Düsseldorf?	Am sechsten Mai
e)	Wann fährt Frau Young nach Mönchengladbach?	Am achten Mai
f)	Wann kommen Sie zu Besuch?	Am fünften Mai

Chapter 2, exercise 8 (page 18)

Wann kommen Sie zur Messe?
Am vierten Juli
Am zehnten Mai
Am achten August
Am zwanzigsten März

Am neunundzwanzigsten April

Am siebzehnten Januar

Am dritten Juni

Am zwölften Februar

Am einunddreißigsten Oktober

Am ersten Dezember

Chapter 2, exercise 10 (page 19)

Herr Bauer:	Guten Tag, Herr Schneider, hier Klaus Bauer. Wie geht es Ihnen?
Herr Schneider:	Ach guten Tag, Herr Bauer. Danke gut, und Ihnen?
Herr Bauer:	Danke, auch gut. Herr Schneider, ich fahre nächsten Montag nach Düsseldorf zur Messe. Sie auch?
Herr Schneider:	Ja, sicher.
Herr Bauer:	Also, gut. Ich fliege am Sonntag von München. Wann fahren Sie?
Herr Schneider:	Ich fliege am Samstag von Innsbruck. Ich besuche am Wochenende Freunde in Duisburg und fahre dann am Montag mit der Bahn zur Messe.
Herr Bauer:	Na, gut. Dann hole ich Sie vom Bahnhof ab. Wann kommen Sie in Düsseldorf an?
Herr Schneider:	Um halb neun bin ich in Düsseldorf.
Herr Bauer:	Also gut, bis dann. Schönes Wochenende!

Chapter 3, exercise 3 (page 31)

Wie ist Ihre Nummer bitte?

74	16	25
27	43	02
34	54	88
29	48	65
53	52	44
97	65	21
51	0	93
72	2	28

Chapter 3, exercise 2 (page 35)

1
- Wann fährt der nächste Zug nach Frankfurt?
- Um 08.30, von Gleis vier.
- Fährt der Zug direkt nach Frankfurt?
- Nein, Sie müssen in Stuttgart umsteigen.
- Wann kommt der Zug in Frankfurt an?
- Um 11.45.

2
- Wann fährt der nächste Zug nach Basel?
- Um 10.25 von Gleis 2.
- Fährt der Zug direkt nach Basel?
- Ja, er fährt direkt.
- Wann kommt der Zug in Basel an?
- Um 13.08.

3   ● Entschuldigen Sie bitte, aber wann fährt der nächste Zug nach Heidelberg?
        ■ Er fährt um 12.45 von Gleis 7.
        ● Fährt er direkt nach Heidelberg?
        ■ Nein, Sie müssen in Mannheim umsteigen.
        ● Und wann kommt er in Heidelberg an?
        ■ Um 22.15.

4   ● Wann fährt der nächste Zug nach Bonn?
        ■ Um 13.37 von Gleis 5.
        ● Muß ich umsteigen?
        ■ Ja. Sie müssen in Frankfurt umsteigen.
        ● Und wann kommt der Zug in Bonn an?
        ■ Um 16.50.

Chapter 4, exercise 3 (page 44)

Herr Zimmerman reist am Dienstag, dem achtzehnten März, nach Duisburg und fährt gleich zum Hotel Arabella. Er hat im Hotel ein Einzelzimmer mit Bad reserviert. Heinrich Zimmerman ist Deutscher und arbeitet und wohnt in Köln. Seine Adresse ist Bahnhofstraße 40, 5000 Köln 1. Er arbeitet bei der Firma Schumann AG. Er bekommt Zimmer Nummer 75 im vierten Stock und muß im Hotel ein Anmeldeformular ausfüllen und unterschreiben. Sein Paß hat die Nummer F 8206374. Herr Zimmermann hat vor seiner Abreise am Samstag viel zu tun.

Chapter 4, exercise 9 (page 50)

Tourist:	Können Sie uns ein nicht zu teures Hotel empfehlen?
Angestellte:	Wollen Sie ein Hotel in zentraler Lage?
Tourist:	Nein, lieber ein ruhiges Hotel außerhalb der Stadt.
Angestellte:	Da gibt es das Parkhotel und den Gasthof Huber. Das Parkhotel ist groß und modern, aber der Gasthof Huber ist billiger.
Tourist:	Was kostet ein Doppelzimer mit Bad im Gasthof?
Angestellte:	Eine Übernachtung mit Frühstück, dreißig Mark pro Person.
Tourist:	Das geht. Hat der Gasthof einen eigenen Parkplatz?
Angestellte:	Ja, hat er – sogar einen großen.
Tourist:	Also gut, fahren wir hin. Haben Sie bitte einen Stadtplan?
Angestellte:	Ja, bitte schön. Und nehmen Sie auch dieses Zimmernachweis mit.

Chapter 5, exercise 9 (page 66)

Newby:	Das ist ein sehr gutes Restaurant. Das Essen schmeckt prima. Kommen Sie oft hierher?
Walter:	Eigentlich schon. Ich bringe meine Kollegen und Gäste nur hierher.

Newby:	Das kann ich gut verstehen. Das Restaurant ist wirklich sehr schön, und es gibt viele interessante Gerichte.
Walter:	Ich sehe, daß Sie deutsches Essen gut kennen, Mr Newby.
Newby:	Ja, ich bin oft auf Geschäftsreise in Deutschland und Österreich gewesen. Wiener Schnitzel habe ich zum ersten Mal in Linz. Seitdem esse ich sehr oft Wiener Schnitzel. Übrigens, wie schmeckt Ihnen das Essen in England?
Walter:	Gar nicht so schlecht. *Yorkshire Pudding* zum Beispiel ist etwas Einmaliges. Aber ich esse lieber deutsche Küche, weil ich gerne gut gewürzt esse.
Weidmann:	Ich finde, das schmeckt mir nicht. Ich esse lieber etwas Süßes. Kuchen und Torten mit Sahne schmecken mir sehr, sehr gut.
Meyer:	Das merkt man, Ewald. Was ist denn aus Ihrer Diät geworden?
Weidmann:	Herr Ober, die Rechnung bitte!

Chapter 6, exercise 8 (page 81)

Gast A:	Also, gehen Sie die Donaustraße entlang, bis Sie zur Hochstraße kommen. Hier gehen Sie nach links. Auf der rechten Seite sehen Sie dann das Büro. Sehr modern ist es. Dort finden Sie einen Stadtplan und andere Auskünfte über unsere Stadt. Es ist gar nicht weit.
Gast B:	Ja, also gegenüber dem Hotel ist die Steinstraße. Gehen Sie diese Straße entlang bis zur Kreuzung. Dort müssen Sie dann nach links und dann die zweite Straße rechts nehmen. Sie sehen dann rechts die Firma. Der Geschäftsführer heißt Herr Lange. Er spricht bestimmt Französisch, weil er mit Frankreich und Belgien Geschäftsverbindungen hat.
Gast C:	Ja, das ist ganz einfach. Vom Hotel sind das nur fünf oder sechs Minuten. Gehen Sie hier links geradeaus bis zur Kreuzung. Dort geht es rechts weiter in die Berliner Allee. Das Geschäft liegt auf der rechten Seite. Wenn sie sehr moderne Bekleidung suchen, kann ich Ihnen ein zweites Geschäft empfehlen. Es heißt Chic. Gehen sie die Berliner Allee hinunter und dann links in den Bonner Weg. Das Geschäft ist dort links an der Ecke.
Gast D:	Das ist hier im Zentrum. Sehen Sie den Fußgängerüberweg dort drüben? Gehen Sie darüber und dann in die Sankt-Pauli-Straße. Dort geht es rechts weiter bis in die Hochstraße. Gehen Sie dann links noch 200 Meter weiter. Bis der Zug fährt, haben Sie bestimmt noch zwanzig Minuten.
Gast E:	Einzelzimmer haben wir frei, aber leider keine Doppelzimmer. Ich empfehle Ihnen den Sonnenhof in der Steinstraße auf der linken Seite. Der Inhaber heißt Herr Weismann. Dort sind noch Zimmer frei.

Chapter 7, exercise 5 (page 92)

Ja, guten Tag. Hier Wagner, Herrn Dr. Bennings Sekretärin, von den Wiener Stahlwerken. Gespräch vom achten Januar, acht Uhr zehn. Ich muß Ihnen leider mitteilen, daß Herr Dr. Benning krank ist, und deshalb kann er morgen nicht nach England fliegen. Da er eine Grippe hat, dauert es bestimmt ein paar Tage, bis er wieder gesund ist. Wenn es ihm nächste Woche besser geht, werden wir Sie noch einmal anrufen. Vielleicht können wir dann einen Termin für den 16. oder 17. ausmachen, wenn das Herrn Hall und seinen Kollegen paßt. Wenn das nicht paßt, besucht Dr. Benning am Ende des Monats die Automesse in London und kann dann direkt danach Ihre Firma besuchen, also am 29. oder am 30. Januar. Als Bestätigung dieses Anrufs schicke ich Ihnen auch heute noch ein Fernschreiben. Ich komme dann in zwei Tagen zurück, wenn ich weiß, wie es Dr. Benning geht. Dr. Benning läßt Mr Hall grüßen und bedauert sehr, daß er diese Woche nicht kommen kann.

Chapter 8, exercise 6 (page 105)

Angestellte:	Guten Tag. Kann ich Ihnen helfen?
Tourist:	Ja, bitte. Ich möchte englisches Geld in D-Mark umwechseln. Wie ist denn der Wechselkurs im Moment?
Angestellte:	DM 2,92.
Tourist:	Ach, das Pfund sinkt ständig! Vor zwei Jahren war das noch auf DM 3,38. Also, geben Sie mir D-Mark für hundert Pfund. Ich habe fünfzig Pfund Bargeld, und ich will auch fünfzig Pfund Reiseschecks einlösen. Geht das?
Angestellte:	Ja. Darf ich Ihren Paß sehen?
Tourist:	Bitte schön.
Angestellte:	Danke schön. Wollen Sie das Geld in großen Scheinen?
Tourist:	Ich möchte fünf Fünzigmarkscheine, drei Zehnmarkscheine und etwas Kleingeld, bitte.
Angestellte:	Unterschreiben Sie hier, bitte. So, bitte schön. Den Wechselkurs finden Sie auf der Quittung.
Tourist:	Vielen Dank. Auf Wiedersehen.
Angestellte:	Auf Wiedersehen.

Chapter 9, exercise 7 (page 115)

Polizist:	Guten Tag, was machen Sie denn hier? Sehen Sie denn nicht, in der Grünstraße ist Parkverbot.
Herr Kramer:	Guten Tag. Ja, ich weiß. Es tut mir leid, aber ich habe eine Panne.
Polizist:	Darf ich bitte Ihre Papiere sehen? . . . So, Herr Kramer, was ist denn los?
Herr Kramer:	Das weiß ich nicht. Die Batterie ist es bestimmt nicht, weil das Licht noch funktioniert. Benzin ist es auch nicht, weil ich gerade vollgetankt habe.
Polizist:	Also, was wollen Sie machen? Wollen Sie den ADAC rufen, oder zur nächsten Werkstatt gehen, oder können Sie es selbst reparieren?
Herr Kramer:	Wo gibt es hier in der Nähe eine Werkstatt?
Polizist:	Also, gehen Sie bis zur Kreuzung, dann links. Nach ungefähr 30 Metern nehmen Sie wieder die erste Straße links. Aber machen Sie schnell. Die Werkstatt macht um fünf Uhr dreißig zu. Dann ist kein Mensch mehr da. Kommen Sie innerhalb von dreißig Minuten zurück, sonst bekommen Sie eine Strafe von 25 Mark.

Chapter 10, exercise 4 (page 125)

a) Sie ist in der Steinstraße. Dort sehen Sie viele Bilder, besonders von Nolde.

b) Es liegt in der nächsten Straße. Im Moment ist eine sehr gute Ausstellung von Antiquitäten zu sehen.

c) Ja, gleich hier um die Ecke. Es ist von acht Uhr morgens bis zehn Uhr abends geöffnet. Der Entritt is nur drei Mark 50, und das Wasser ist warm.

d) Das finden Sie in der Münchener Straße. Der Film soll sehr interessant sein, und die Musik ist auch sehr gut, glaube ich.

e) Es ist gegenüber dem Stadtpark. Diese Woche können Sie ein Stück von Shakespeare auf Deutsch sehen.

Chapter 10, exercise 6 (page 126)

Herrn Georg Schmidt
International Computers AG
Postfach 30 47 56
D-8000 München 4

Sehr geehrter Herr Schmidt,
ich danke Ihnen für Ihr Schreiben vom siebzehnten Mai und freue mich, daß soviele Ehefrauen Ihrer Kollegen auch zur Tagung mitkommen. Sie sind bei uns hier in England herzlich willkommen.

Während der dreitägigen Konferenz versuchen wir, den Damen ein abwechslungsreiches und interessantes Programm zu bieten. Das Programm ist noch nicht fertig, aber für Folgendes werden die Damen sich bestimmt interessieren: Busausflüge, Stadtbesichtigung, Führung durch eine Modefabrik, Theaterbesuch, Zeit zum Einkaufen und so weiter. Unsere Dolmetscher und Dolmetscherinnen werden natürlich immer zur Hand sein. Genauere Information schicken wir Ihnen in zwei bis drei Wochen zu.

Ich bin sicher, daß die Damen diese Gegend sehr schön finden werden. Langweilen werden sie sich bestimmt nicht.
Mit freundlichen Grüßen

Richard Wood

Chapter 10, exercise 9 (page 126)

Gastgeber:	Willkommen in Recklinghausen. Sind Sie zum ersten Mal hier?
Vertreterin:	Im Ruhrgebiet war ich schon viermal, aber in Recklinghausen selbst noch nie.
Gastgeber:	Möchten Sie heute nachmittag Sehenswürdigkeiten besichtigen?
Vertreterin:	Sehr gerne. Recklinghausen soll eine schöne Stadt sein.
Gastgeber:	Ja, es ist heute eine moderne Stadt mit vielen interessanten Gebäuden. Als Handels-, Einkaufs- und Kongreßstadt ist es nicht mehr die typische Industriestadt von früher.
Vertreterin:	Gibt es noch alte Gebäude?
Gastgeber:	Eigentlich nur wenige. Recklinghausens ältestes Gebäude ist die Kirche St. Peter. Sie ist aus dem zwölften Jahrhundert. Die barocke Engelsburg ist jetzt ein Hotel. Auch gibt es hier ein paar Fachwerkhäuser. In einem davon befindet sich eine interessante Kunstgalerie.
Vertreterin:	Ich habe gehört, daß Recklinghausen dem Besucher viel zu bieten hat.
Gastgeber:	Ja, das stimmt. Wir haben außer Museen und Kunstgalerien das Ruhrfestspielhaus. Hier finden die berühmten Ruhrfestspiele statt. Das Planetarium ist auch eine große Attraktion. 40 000 Personen besuchen es jährlich. Und für Tierfreunde gibt es den Zoo.
Vertreterin:	Eine lebendige Stadt, also. Ich glaube, daß man sich hier kaum langweilen kann!
Gastgeber:	Meine ich auch. Ich hoffe, Sie werden Ihren ersten Besuch in unserer Stadt so richtig genießen.

Irregular verbs

The following is a list of the principal parts of irregular verbs occurring in Working with German Coursebook 1.
*verbs taking *sein* in the perfect tense

Infinitive	3rd Person Singular Present	3rd Person Singular Imperfect	Past Participle
befinden (sich)	befindet	befand	befunden
beginnen	beginnt	begann	begonnen
bekommen	bekommt	bekam	bekommen
besitzen	besitzt	besaß	besessen
bestehen	besteht	bestand	bestanden
bieten	bietet	bot	geboten
binden	bindet	band	gebunden
bleiben*	bleibt	blieb	geblieben
brennen	brennt	brannte	gebrannt
bringen	bringt	brachte	gebracht
denken	denkt	dachte	gedacht
dürfen	darf	durfte	gedurft
empfehlen	empfiehlt	empfahl	empfohlen
entsprechen	entspricht	entsprach	entsprochen
erhalten	erhält	erhielt	erhalten
erkennen	erkennt	erkannte	erkannt
erscheinen*	erscheint	erschien	erschienen
essen	ißt	aß	gegessen
fahren*	fährt	fuhr	gefahren
finden	findet	fand	gefunden
fliegen*	fliegt	flog	geflogen
geben	gibt	gab	gegeben
gehen*	geht	ging	gegangen
gelten	gilt	galt	gegolten
genießen	genießt	genoß	genossen
geschehen*	geschieht	geschah	geschehen
haben	hat	hatte	gehabt
halten	hält	hielt	gehalten
heben	hebt	hob	gehoben
heißen	heißt	hieß	geheißen
helfen	hilft	half	geholfen
kennen	kennt	kannte	gekannt
kommen*	kommt	kam	gekommen
können	kann	konnte	gekonnt
lassen	läßt	ließ	gelassen
liegen	liegt	lag	gelegen
mögen	mag	mochte	gemocht
müssen	muß	mußte	gemußt

Infinitive	3rd Person Singular Present	3rd Person Singular Imperfect	Past Participle
nehmen	nimmt	nahm	genommen
rufen	ruft	rief	gerufen
schlafen	schläft	schlief	geschlafen
schließen	schließt	schloß	geschlossen
schreiben	schreibt	schrieb	geschrieben
sehen	sieht	sah	gesehen
sein*	ist	war	gewesen
sinken*	sinkt	sank	gesunken
sitzen	sitzt	saß	gesessen
sollen	soll	sollte	gesollt
sprechen	spricht	sprach	gesprochen
stehen	steht	stand	gestanden
steigen*	steigt	stieg	gestiegen
tragen	trägt	trug	getragen
treffen	trifft	traf	getroffen
treiben	treibt	trieb	getrieben
trinken	trinkt	trank	getrunken
tun	tut	tat	getan
verbinden	verbindet	verband	verbunden
verlieren	verliert	verlor	verloren
verstehen	versteht	verstand	verstanden
waschen	wäscht	wusch	gewaschen
werden*	wird	wurde	geworden
werfen	wirft	warf	geworfen
wissen	weiß	wußte	gewußt
wollen	will	wollte	gewollt
ziehen	zieht	zog	gezogen

Vocabulary list

*irregular verb

A

ab (dat) from
das **Abendessen, –** supper
aber but
abfahren* (sep) to set off, to leave
die **Abfahrt, –en** departure
abheben* to take out (money from bank)
abholen (sep) to meet (at station)
die **Abmessung, –en** dimension
der **Absender, –** sender
abwaschen* (sep) to wash up
abziehen* (sep) to deduct
die **Adresse, –n** address
akzeptieren to accept
alle all
alles everything
Allerheiligen All Saints' Day
allerlei all sorts of
allgemein general
der **Alkohol, –e** alcohol
alphabetisch alphabetical
als than, as
also therefore, well, right, OK
also gut OK then
alt old
der **Amerikaner, –** American (man)
die **Amerikanerin, – nen** American (woman)
amüsieren (refl) to enjoy oneself
an (acc/dat) at
die **Ananas, –** pineapple
das **Andenken, –** souvenir
andere other
angenehm pleasant
der **Angestellte, –n** clerk
das **Anmeldeformular, –e** registration form
ankommen* (sep) to arrive
die **Ankunft, ⁻e** arrival
antiallergisch anti-allergic
der **Antiquitätenladen, ⁻** antique shop
der **April** April
das **Apfelkompott** stewed apple
die **Apotheke, –n** dispensing chemist's shop
der **Apotheker, –** chemist
die **Anspruchsbescheinigung, –en** certificate of entitlement
arabisch Arabian
die **Arbeit, –en** work
arbeiten to work
der **Arbeiter, –** worker
der **Arbeitgeber, –** employer
der **Arbeitnehmer, –** employee
das **Appartement, –s** apartment
der **Architekt, –en** architect
die **Architektur** architecture
ärgerlich annoying
der **Arzt, ⁻e** doctor
ärztlich medical
atmen to breathe
die **Attraktion, –en** attraction
auch also
auf (acc/dat) on, on to
aufbrauchen (sep) to use up
der **Aufenthalt, –e** stay
die **Auffahrt** Ascension Day
die **Aufgabe, –n** task
die **Aufmerksamkeit** attention
das **Auge, –n** eye
der **Augenblick, –e** moment
die **Augentropfen** (pl) eyedrops
der **August** August
aus (dat) from, of
der **Ausbildungsplatz, ⁻e** position with on-the-job training
der **Ausdruck, ⁻e** expression
die **Ausfahrt, –en** exit
der **Ausflugsbus, –se** excursion bus
die **Ausflugsfahrt, –en** excursion
die **Ausfuhrgüter** (pl) export goods
ausfüllen (sep) to fill in
die **Ausgabe, –n** expenditure
ausgeben* (sep) to spend (money)
die **Auskunft, ⁻e** information
ausreichend sufficient
die **Aussicht** view

außer (gen)   apart from
das **Auto, –s**   car
   mit dem Auto   by car
die **Autobahn, –en**   motorway
der **Automat, –en**   automatic machine
die **Autoreparatur, –en**   car repairs

B
das **Bad, ⸚er**   bath
die **Bahn, –en**   train
   mit der Bahn   by train
der **Bahnhof, ⸚e**   station
   bald   soon
der **Balkon, –s**   balcony
die **Bank, –en**   bank
die **Banknote, –n**   bank-note
die **Bar, –s**   bar
das **Bargeld**   cash
   barock   baroque
   basteln   to do handicrafts
die **Batterie, –n**   battery
die **Bauernstube, –n**   snug, quaint bar;
   Tyrolean bar
der **Baum, ⸚e**   tree
   bedanken (refl)   to thank, be grateful
der **Bedienung-Service**   table service
die **Bedienungsanleitung, –en**   operating
   instructions
das **Bedienungsgeld, –er**   tip
   befinden* (refl)   to be (situated)
   beginnen*   to begin
   bei (dat)   at, near
das **Bein, –e**   leg
   beinahe   almost
das **Beispiel, –e**   example
   zum Beispiel   for example
   bekannt   familiar
der **Bekannte, –n**   acquaintance
die **Bekleidung**   clothing
   bekommen*   to get, to have
der **Beleg, –e**   voucher, slip
   Belgien   Belgium
der **Belgier, –**   Belgian (man)
die **Belgierin, –nen**   Belgian (woman)
   beleidigt   offended
   benutzen   to use
der **Benzinverbrauch**   petrol consumption
die **Beratung**   advice
   bereit   ready
der **Berg, –e**   mountain
der **Beruf, –e**   career, profession
der **Berufskraftfahrer, –**   lorry driver

   berühmt   famous
   beschaffen   to obtain
   beschäftigen   to employ
die **Bescheinigung, –en**   certificate
   besichtigen   to look round, visit
   besonders   especially
   besser   better
die **Besserung**   improvement
   bestehen* aus (dat)   to consist of
   bestellen   to order
   bestimmt   certainly
der **Bestimmungsort, –e**   destination
der **Besuch, –e**   visit
   zu Besuch kommen   to visit
   Besuch haben   to have visitors
   besuchen   to visit
der **Betrag, ⸚e**   total
der **Betrieb, –e**   company
der **Betriebsingenieur, –e**   works engineer
der **Betriebsrat**   works council
das **Bett, –en**   bed
der **Beutel, –**   bag
   bevor   before
   bezahlen   to pay
   beziehungsweise   or
das **Bier, –e**   beer
das **Bild, –er**   picture
die **Bildung**   education
   billig   cheap
   binden*   to bind, tie
die **Birne, –n**   pear
   bis (zum, zur)   until
   bitte   please
   bitte schön/sehr   it's a pleasure, you're
   welcome
   blau   blue
   bleiben*   to stay
   bleifrei   lead-free
die **Bluse, –n**   blouse
die **Blume, –n**   flower
das **Blumenhaus, ⸚er**   flower shop
der **Blumenkohl, –e**   cauliflower
   an Bord   on board
die **Boutique, –n**   boutique
die **Branche, –n**   branch, area
   brauchen   to need
   breit   wide
die **Breite, –n**   width
die **Bremse, –n**   brake
   brennen*   to burn
der **Brief, –e**   letter

der **Briefeinwurf**   letter-box in post office

die **Briefmarke, –n**   postage stamp

die **Brieftasche, –n**   wallet

der **Briefträger, –**   postman

bringen*   to bring

der **Brite, –n**   British (man)

die **Britin, –nen**   British (woman)

das **Brot, –e**   bread

das **Brötchen, –**   bread roll

das **Buch, ¨er**   book

buchstabieren   to spell

der **Bummel, –**   stroll

die **Bundesdruckerei**   federal printing works

die **Bundeskegelbahn**   skittle alley (to official
German dimensions)

das **Bundesland, ¨er**   federal state
(West Germany), federal province
(Austria)

das **Bundesparlament**   federal parliament

die **Bundespost**   federal postal service

der **Bundesrat**   upper house (parliament)

die **Bundesrepublik Deutschland**   Germany
bürgerlich   plain, homely

das **Büro, –s**   office

der **Bus, –se**   bus

mit dem Bus   by bus

die **Butter**   butter

C

ca. (circa)   approximately

der **Campingplatz, ¨e**   camp-site

das **Café, –s**   café

der **Champignon, –s**   mushroom

die **Chefsekretärin, –nen**   head secretary

die **Chemikalien** (pl)   chemicals

chemisch   chemical

der **Computer, –**   computer

D

Dänemark   Denmark

danken   to thank

danke schön   thank you very much

dann   then

darüber   across

daß   that

das **Datennetz, –e**   data network

das **Datum, Daten**   date

dauern   to last

die **Delikatesse, –n**   delicacy

denken*   to think

denn   because, then

das **Deutsch**   German (language)

der **Deutsche, –n**   German (man)

die **Deutsche, –n**   German (woman)

die **Deutsche Demokratische Republik**
East Germany

der **Dezember**   December

dezent   subdued, discreet

die **Diät, –en**   diet

dieser   this

direkt   direct, straight

die **Disko, –s**   disco

der **Dolmetscher, –**   interpreter

der **Dom, –e**   cathedral

der **Doppeldecker, –**   double-decker bus

das **Doppelzimmer, –**   double room

dort   there

dort drüben   over there

die **Dose, –n**   tin

drei   three

das **Drittel, –**   third

die **Drogerie, –n**   non-dispensing chemist

drüben   over (there)

drücken   to press

der **Drucker, –**   printer

duftend   aromatic

der **Durchfall**   diarrhoea

durchgehend   non-stop, the whole time

durchschlafen*   to sleep through the night

im Durchschnitt   on average

durchsuchen   to search (through)

die **Durchwahl, –en**   direct dialling

dürfen   to be allowed

der **Durst**   thirst

die **Dusche, –n**   shower

E

ebenfalls   also, likewise

die **Ecke, –n**   corner

das **Ei, –er**   egg

eigen   (its) own

eigentlich schon   yes, I am actually; yes, I
do actually

der **Eigentümer, –**   proprietor

eilig   in a hurry

eingerichtet   furnished

einfach   single, simple

einige   some, several

einkaufen (sep) to buy

das **Einkaufen**   shopping

die **Einkaufsleiterin, –nen** senior buyer (woman)

die **Einkaufsstadt, ⸚e** shopping centre (literally town)

das **Einkaufszentrum, –en** shopping centre

das **Einkommen, –** income

der **Einlieferungsschein, –** certificate of posting

einlösen to cash

das **Einmachen** bottling (fruit)

einmal one (literally 'once')

einmalig unique

einige several

das **Einmarkstück, –e** one-mark coin

einnehmen to eat and drink, partake of; to take

eins one

einsteigen* (sep) to get into

einwerfen* (sep) to put, to post

der **Einwohner, –** inhabitant

die **Einwohnerzahl, –en** number of inhabitants

das **Einzelzimmer, –** single room

das **Eis, –e** ice, ice-cream

das **Eisen** iron

elegant elegant

elektrisch electric

der **Elektroniker, –** electronics engineer

elektronisch electronic

elf eleven

die **Eltern** (pl) parents

der **Empfänger, –** recipient

empfehlen* to recommend

das **Ende, –n** end

eng narrow

der **Engländer, –** Englishman

die **Engländerin, –nen** English woman

englisch English

entfernt away

enthalten* to include, to contain

entlang (acc) along

entschuldigen to excuse

entspannen (refl) to relax

die **Entspannung** relaxation

entsprechen* to correspond to

entweder . . . oder . . . either . . . or

entwerten to cancel, to stamp

er he, it

die **Erbse, –n** pea

die **Erbsensuppe, –n** pea soup

erfolgreich successful

das **Erdgeschoß** ground floor

erhalten* to get, to receive

erinnern (refl) **an** (acc) to remember

die **Erkältung, –en** cold, chill

erkennen to recognise

das **Erlebnis, –se** experience

erledigen to settle

die **Ernte, –n** harvest

erscheinen* to appear

die **Erste Hilfe** first aid

erste first

der **Erwachsene, –n** adult

erwarten to expect

es it

das **Essen, –** meal

essen* to eat

essen gehen* to go out for a meal

etwa about, around

etwas some, something, somewhat

europäisch European

die **Europäische Gemeinschaft** Common Market

evangelisch Protestant

exportieren to export

die **Exportleiterin, –nen** export manager (woman)

die **Exportliste, –n** list of exports

die **Exportgüter** (pl) exports

F

die **Fabrik, –en** factory

der **Fachhandel** specialist trade

fachlich specialist

das **Fachwerkhaus, ⸚er** half-timbered house

fahren* to go (by transport), to leave

der **Fahrer, –** driver

die **Fahrkarte, –n** ticket

die **Fahrkartenausgabe, –n** ticket-office

der **Fahrplanauszug, ⸚e** extract from travel timetable

der **Fahrpreis, –e** travel cost

der **Fahrschein, –e** ticket

der **Fahrstuhl, ⸚e** lift

die **Fahrt, –en** journey

das **Fahrzeug, –e** vehicle

die **Familie, –n** family

der **Familienname, –n** surname

fangfrisch freshly caught

das **Farbbild, –er** colour picture

der **Farbfernseher**, – colour television
fast almost
fehlen to be the matter
der **Feiertag**, –e public holiday
der **Februar** February
die **Feinmechanik** precision engineering
das **Fenster**, – window
die **Ferienwohnung**, –en holiday flat
der **Fernmeldeingenieur**, –e post office
engineer
der **Fernschreibdienst**, –e telex service
das **Fernsehen**, – television
fernsehen* (sep) to watch television
das **Festspiel**, –e festival
die **Feuerwehr** fire-brigade
der **Film**, –e film
finden* to find
die **Firma**, Firmen firm, company
fix und fertig complete
die **Fläche**, –n area
die **Flasche**, –n bottle
das **Fleisch** meat
fliegen* to fly
der **Flug**, ¨e flight
der **Flughafen**, ¨ airport
folgend following
das **Formular**, –e form
der **Fotoartikel**, – photographic accessories
Frankreich France
der **Franzose**, –n Frenchman
die **Französin**, –nen French woman
französisch French
die **Frau**, –en wife, woman, Mrs
(or Miss/Ms in titles)
frei free
die **Freizeitshalle**, –n recreation room
freuen (refl) to be pleased
freuen (refl) **auf** (acc) to look forward to
der **Freund**, –e friend (male)
die **Freundin**, –nen friend (female)
freundlich friendly
frisch fresh
frischgepreßt freshly squeezed
der **Frisiersalon**, –s hairdresser's
das **Frühstück**, –e breakfast
frühstücken to have breakfast
fünf five
funktionieren to work, to operate
für (acc) for
führen to lead, to display
der **Führerschein**, –e driving licence

der **Fuß**, ¨e foot
zu Fuß on foot
die **Fußgängerzone**, –n pedestrian precinct

G
die **Gabel**, –n fork
ganz whole, complete
ganzjährig all year round
der **Garagenhof**, ¨e parking area
gar nicht not at all
das **Gartengerät**, –e garden implement
das **Gas**, –e gas
der **Gast**, ¨e guest
der **Gasthof**, ¨e pub
geben* to give
das **Gebäude**, – building
gebrauchen to use
geeignet suitable
gefallen* to please
gegenüber (dat) opposite
die **Gegend**, –en area
die **Gegenwart** present (time)
das **Gehackte** minced beef
die **Geheimzahl**, –en secret number
gehen* to go (on foot)
gehören (zu) (dat) to belong to
gelb yellow
das **Geld**, –er money
das **Geldautomat**, –en cash dispenser
der **Geldwechsel**, – bureau de change
gelten to be applicable
die **Gemeinde**, –n community
gemischt mixed
das **Gemüse** (pl) vegetables
gemütlich cosy
genau exactly
genauso just as
genießen* to enjoy
das **Genußmittel**, – semi-luxury foods
genußvoll enjoyable
geöffnet open
das **Gepäck** luggage
der **Gepäckträger**, – porter
gepflegt cultivated
geradeaus straight on
das **Gericht**, –e dish (food)
gering low, small
gern(e) I'd like to, of course, gladly
gern geschehen it's a pleasure
gesamt entire
der **Gesamtbetrag**, ¨e total amount

das **Gesamteinkommen,** –   total income

das **Geschäft,** –e   shop

der **Geschäftsführer,** –   managing director

der **Geschäftsmann,** –leute   businessman

die **Geschäftsreise,** –n   business trip

  geschehen*   to happen

das **Geschenk,** –e   present

die **Geschichte,** –n   history

  geschlossen   closed

der **Geschmack,** –e   taste

  gesund   healthy

die **Gesundheitspflege**   health care

  gestern abend   yesterday evening

die **Getränkekarte,** –n   wine list

das **Gewicht,** –e   weight

  gewürzt   spiced

  gezuckert   sweetened

das **Glas,** –er   glass

  gleich   right away, just

  gleichfalls   likewise

das **Gleis,** –e   track, platform

  golden   golden

die **Grenze,** –n   border

  Griechenland   Greece

der **Griff,** –e   handle

der **Grill**   barbecue

die **Grippe**   flu

  groß   large

der **Großbetrieb,** –e   large company

  Großbritannien   Great Britain

die **Größe,** –n   size

  grün   green

die **grüne Versicherungskarte,** –n   green card (insurance)

  ins Grüne   in the country

die **Gruppe,** –n   group

  gut   good, well

die **Güteklasse,** –n   quality

die **Güter** (pl)   goods

die **Gymnastik**   gymnastics

H

  haben*   to have

  halb   half

  Halbpension   half-board

die **Hälfte,** –n   half

die **Halsschmerzen** (pl)   sore throat

die **Hand,** –e   hand

  etwas zur Hand haben   to have available

der **Handel**   trade

  Handel treiben   to trade

der **Handelspartner,** –   trade partner

die **Handelsstadt,** –e   commercial town

die **Haselnußcreme**   hazelnut spread

der **Hauptbahnhof,** –e   main station

der **Hauptexport,** –e   main export

das **Hauptgericht,** –e   main course

die **Hauptmahlzeit,** –en   main meal

  hauptsächlich   mainly

der **Hauptsitz,** –e   head office

die **Hauptstadt,** –e   capital city, town

das **Haus,** –er   house

  zu Hause   at home

der **Haushaltsartikel,** –   household item

die **Haushaltsgüter** (pl)   household goods

der **Heilbutt**   halibut

der **Heimarbeiter,** –   home worker

  heißen*   to be called

  helfen*   to help

das **Hemd,** –en   shirt

  herrlich   magnificent, splendid

die **Herrenbekleidung**   menswear

die **Herrschaften** (pl)   ladies and gentlemen

  herstellen (sep)   to produce

die **Herstellung**   production

  herunter   down

das **Herz,** –en   heart

  herzlichen Dank   thank you very much indeed

  heute   today

  heute früh   this morning

  heute nachmittag   this afternoon

  hier   here

  hierher   here (movement)

die **Hilfe,** –n   help

  hin und zurück   there and back, return

  hinter   behind

  hinunter   down, along

  hinüber   across

  hoch   high

die **Höchstgeschwindigkeit,** –en   maximum speed

die **Hochstraße,** –n   flyover road

  Holland   Holland

  holländisch   Dutch

der **Honig**   honey

  hören   to hear

das **Hotel,** –s   hotel

das **Hotel garni**   bed and breakfast hotel

das **Hotelzimmer,** –   hotel room

der **Hund,** –e   dog

der **Hunger**   hunger
der **Husten**   cough
der **Hustenreiz**   irritation of the throat

I
   ich   I
   ihr   her, its
   Ihr   your
   immer   always
   immer noch   still
   importieren   to import
   in (acc/dat)   in, into
die **Industrie, –n**   industry
   industriell   industrial
die **Industriestadt, ⁼e**   industrial town
der **Ingenieur, –e**   engineer
die **Information, –en**   information
   informieren   to inform
   inklusive (gen)   including
   innerhalb (gen)   within
   installieren   to install
das **Instrument, –e**   instrument
   interessant   interesting
das **Interesse, –n**   interest
   interessieren (refl) **für**   to be interested in
der **Ire, –n**   Irishman
die **Irin, –nen**   Irish woman
   irisch   Irish
   Irland   Ireland
   Italien   Italy
der **Italiener, –**   Italian (man)
die **Italienerin, –nen**   Italian (woman)
   italienisch   Italian

J
die **Jagd**   hunt
das **Jahr, –e**   year
das **Jahresende, –n**   end of the year
das **Jahrhundert, –e**   century
   jährlich   per year, annually
der **Januar**   January
   jeder   every
   jetzt   now
die **Jugendherberge, –n**   youth hostel
der **Juli**   July
der **Junge, –n**   boy
der **Juni**   June

K
das **Kabelfernsehen**   cable television
der **Kabeljau, –s**   cod

der **Kaffee**   coffee
das **Kaffeetrinken**   coffee break
der **Kalender, –**   calendar
die **Kamera, –s**   camera
die **Kammer, –n**   house, chamber (parliament)
der **Kanadier, –**   Canadian (man)
die **Kanadierin, –nen**   Canadian (woman)
   kantonal   canton (adj)
die **Karotte, –n**   carrot
das **Kartoffelpüree**   mashed potatoes
die **Kassette, –n**   cassette
   katholisch   Catholic
   kaufen   to buy
das **Kaufhaus, ⁼er**   department store
der **Kaufmann, –leute**   business man
der **Käse**   cheese
die **Kasse, –n**   cash desk
   kaum   hardly
die **Kegelbahn, –en**   skittle alley
   kein(e)   no
   kennen*   to know
   kennenlernen   to get to know, to meet
der **Kilometer, –**   kilometer
das **Kind, –er**   child
die **Kinderbekleidung**   children's wear
das **Kino, –s**   cinema
die **Kirche, –n**   church
die **Kirmes, –sen**   fair, funfair
die **Klasse, –n**   class
das **Kleid, –er**   dress
die **Kleidung**   clothing
   klein   small
das **Kleingeld**   loose change
   knackig   crisp
   knapp   just under
die **Kneipe, –n**   pub
der **Koch, ⁼e**   cook
   kochen   to cook
der **Kofferraum, ⁼e**   boot
der **Kollege, –en**   colleague (man)
die **Kollegin, –nen**   colleague (woman)
der **Komfort**   comfort
   komfortabel   comfortable
   kommen*   to come
die **Kongreßstadt, ⁼e**   town where conferences are held
   können*   to be able to
das **Konto, –s**   account
   kontrollieren   to check
der **Kopf, ⁼e**   head

der **Kopfsalat, –e**   lettuce

der **Kopfschmerz, –en**   headache

der **Körper, –**   body

kosten   to cost

der **Kraftfahrer, –**   lorry driver

der **Kraftfahrzeugbrief –e**   motor vehicle papers, log book

krank   ill

der **Krankenschein, –e**   medical insurance record card

das **Krankenhaus, ⁼er**   hospital

die **Krankheit, –en**   illness

der **Kreisverkehr**   roundabout

die **Kreuzung, –en**   crossroads

kriegen   to get

die **Küche, –n**   kitchen

der **Kuchen, –**   cake

der **Kunde, –n**   customer

der **Kundendienst**   customer service

kunstvoll   artistic(ally)

der **Kurs, –e**   exchange rate

die **Kurzwaren** (pl)   haberdashery

L

die **Ladenöffnungszeit, –en**   shopping hours

die **Lage, –n**   situation

der **Lagerverwalter, –**   warehouse manager, supervisor

das **Land, ⁼er**   country, province, state

auf dem Land   in the country, in farming

der **Landtag, –e**   provincial assembly

der **Landeshauptmann, –er**   head of government of a province

lang   long

die **Länge, –n**   length

langsam   slow(ly)

langweilen (refl)   to be bored

laufend   constantly

die **Lebensmittel** (pl)   foodstuffs, provisions

der **Lebensmittelautomat, –en**   food dispenser

leben   to live

das **Leben, –**   life

lebendig   lively

der **Lebenslauf, ⁼e**   curriculum vitae

das **Lebensmittelgeschäft, –e**   food shop

ledig   single, unmarried

leger   casual

der **Lehrer, –**   teacher

der **Lehrling, –e**   apprentice

leider   unfortunately

die **Leitzone, –n**   main postal area

lernen   to learn

die **Leute** (pl)   people

das **Licht, –er**   light

das **Lichtbild, –er**   photograph

lieb   welcome (literally 'dear')

lieber   rather

die **Liebe**   love

liefern   to deliver

liegen*   to be, to lie

die **Liegewiese, –n**   area of grass for sunbathing

das **Lineal, –e**   ruler

links   on the left, to the left

der **Liter, –**   litre

der **Lkw-Fahrer, –**   lorry driver

der **Löffel, –**   spoon

der **Lohn, ⁼e**   wage

lokal   local

lösen   to buy (a ticket)

der **Luftdruck, ⁼e**   pressure (in tyres)

Lust haben   to want

Luxemburg   Luxemburg

das **Luxushotel, –s**   luxury hotel

M

machen   to make, to amount to

der **Magenschmerz, –en**   stomach-ache

das **Magenweh**   stomach-ache

mager   lean

die **Mahlzeit, –en**   meal, have a good lunch-hour, *bon appetit*

der **Mai**   May

das **Mal, –e**   time

man   one

manchmal   sometimes

der **Mann, ⁼er**   husband, man

die **Mark, –stücke**   mark (currency)

das **Markenheftchen, –**   book of stamps

der **Markt, ⁼e**   market

der **Marktplatz, ⁼e**   market-place

der **März**   March

die **Marmelade**   jam

die **Maschine, –n**   machine, machinery

der **Matjes(hering, –e)**   salted herring

maximal   maximum

mehr   more

mehrere   several

die **Mehrwertsteuer** (MwSt.)   value added tax

die **Meile, –n**   mile

mein   my
meinen   to think
meist   most
meistens   mostly
der **Mensch, -en**   person
merken   to see, to notice
die **Messe, -n**   trade fair
das **Messer, -**   knife
die **Metzgerei, -en**   butcher's
mild   mild, slightly
die **Million, -en**   million
das **Mindestalter,**   minimum age
das **Mineralwasser**   mineral water
die **Minute, -n**   minute
die **Mischung, -en**   mixture
mit (dat)   with
der **Mitarbeiter, -**   work colleague, employee
mitbringen* (sep)   to bring
mitkommen* (sep)   to come along
mitnehmen (sep)   to take
das **Mittagessen, -**   midday meal
mittags   at midday
mitten in (acc/dat)   in the middle of
modern   modern
die **Möbel** (pl)   furniture
die **Mode**   fashion
das **Modehaus, ̈er**   fashion house
mögen   to like, to want to
die **Möglichkeit, -en**   possibility
möglichst   if possible
der **Moment, -e**   moment
der **Monat, -e**   month
das **Motiv, -e**   motif, picture
müde   tired
der **Mund, ̈er**   mouth
die **Münze, -n**   coin
der **Münzeinwurf**   slot
der **Münzwechsler, -**   change machine (money)
das **Museum, Museen**   museum
die **Musikabteilung, -en**   music department
müssen   to have to

N

nach   to
das **Nachbarland, ̈er**   neighbouring country
nachfüllen (sep)   to top up
nachher   afterwards
nachlassen (sep)   to abate
der **Nachmittag, -e**   afternoon
die **Nachricht, -en**   news

nachsehen* (sep)   to check
die **Nachspeise, -n**   dessert
nächste   next
die **Nacht, ̈e**   night
der **Nachtisch, -e**   dessert
nachts   at night
die **Nähe**   vicinity
in der Nähe   near here
die **Nahrung**   food
der **Name, -n**   name
die **Nase, -n**   nose
der **Nationalfeiertag, -e**   national public holiday
der **Nationalrat**   lower chamber (parliament)
natürlich   naturally
neben (acc/dat)   next to, besides
nehmen*   to have, to take
der **Nerv, -en**   nerve
das **Nettoeinkommen, -**   net income
neu   new, fresh
das **Neujahr**   New Year
neun   nine
nicht mehr   no longer
nichts   nothing
nicht wahr?   isn't it? won't they? etc.
nie   never
niedrig   low
noch   even, still
noch etwas?   anything else?
noch nie   not yet, never before
Nordamerika   North America
der **Norden**   the north
das **Normal(benzin)**   two-star petrol
normalerweise   normally
der **Notruf, -e**   emergency telephone number
der **November**   November
nur   only
nützlich   useful

O

ob   whether
oben   upstairs, on top
der **Ober, -**   waiter
oberhalb (gen)   above
der **Obstsalat, -e**   fruit salad
die **Ochsenschwanzsuppe, -n**   oxtail soup
oder   or
ofenfrisch   oven-fresh
offen   by the glass, open
öffentlich   public
öffentliche Verkehrsmittel   public transport

offerieren   to offer
offiziell   official
öffnen   to open
die **Öffnungszeit, –en**   opening time
der **Ohrenschmerz, –en**   earache
oft   often
das **Ohr, –en**   ear
das **Öl, –e**   oil
der **Ölstand**   oil level
der **Oktober**   October
die **Oper, –n**   opera
der **Orangensaft, ̈e**   orange juice
örtlich   local
der **Osten**   the east
das **Ostern**   Easter
Österreich   Austria
der **Österreicher, –**   Austrian (man)
die **Österreicherin, –nen**   Austrian (woman)

P

paar   a few
ein paarmal   a few times
die **Packung, –en**   packet
das **Paket, –e**   parcel
die **Pannenhilfe**   breakdown assistance
das **Parfüm, –s**   perfume
die **Parfümerie, –n**   perfumery
die **Panne, –n**   breakdown
das **Papier, –e**   paper, documents
parken   to park
das **Parkhaus, ̈er**   multistorey car park
der **Parkplatz, ̈e**   car park
das **Parkverbot**   'no parking'
der **Paß, Pässe**   passport
das **Passagierschiff, –e**   passenger-ship, boat
passen   to fit
passieren   to happen
die **Person, –en**   person
das **Personal**   staff
der **Personalausweis, –e**   identity card
der **Personalchef, –s**   head of personnel
persönlich   personal
der **Pfannkuchen, –**   pancake
das **Pfeffersteak, –s**   spicy steak
das **Pfingsten**   Whitsuntide
der **Pfirsich, –e**   peach
der **Pförtner, –**   porter
das **Pfund**   pound (sterling)
pharmazeutisch   pharmaceutical
das **Pilsener, –**   lager

die **Pkw-Unterstellung**   accommodation for
   private cars
die **Polizeiwache, –n**   police station
die **Pommes frites** (pl)   chips
das **Porto, –s**   postage, postal charge
Portugal   Portugal
das **Porzellan, –e**   porcelain
die **Post**   post, post office
das **Postamt, ̈er**   post office
der **Postler, –**   post office worker (man)
die **Postlerin, –nen**   post office worker
   (woman)
die **Postleitzahl, –en**   postal code
das **Postwertzeichen, –**   postage stamp
der **Preis, –e**   price
prima   superb
das **Privatzimmer, –**   rented room in
   private house
pro   per
die **Probiermöglichkeit, –en**   opportunity
   to sample
das **Produkt, –e**   product
die **Produktion**   production, manufactured
   goods
der **Produktionsleiter, –**   production manager
das **Programm, –e**   programme
der **Programmierer, –**   computer programmer
das **Prozent**   per cent
der **Pudding, –s**   blancmange
putzen   to clean
der **Pullover, – (Pulli, –s)**   pullover

Q

der **Quadratkilometer, –**   square kilometer
die **Qualität, –en**   quality
die **Quittung, –en**   receipt

R

das **Radio, –s**   radio
der **Radiowecker, –**   radio alarm clock
rasch   quick, speedy
die **Räumlichkeit, –en**   capacity, space,
   premises
die **Rechnung, –en**   bill
recht haben   to be right, correct
rechts   on the right
rechtzeitig   punctually
in der Regel   in general, as a rule
die **Reihenfolge, –n**   order
der **Reifendruck, ̈e**   tyre pressure
der **Reis**   rice

das **Reisebüro, –s** travel agent
die **Reiseländer** (pl) tourist countries
der **Reisende, –n** traveller
der **Reisepaß, –pässe** passport
der **Reisescheck, –s** traveller's cheque
die **Reklamation, –en** complaint
relativ relatively
die **Religion, –en** religion
religiös religious
reparieren to repair
der **Reservekanister, –** spare can
reservieren to reserve
das **Restaurant, –s** restaurant
restlich remaining
das **Rezept, –e** prescription
rheinisch Rhenish
richtig correct, that's right, really
die **Richtung, –en** direction
das **Rindfleisch** beef
die **Rolle, –n** role, part
die **Rolltreppe, –n** escalator
das **Romanisch** Romansch
die **Römerstadt, ⁀e** Roman town
rostfrei stainless
die **Röstkartoffel, –n** roast potato
rot red
der **Rotkohl** red cabbage
der **Rotwein, –e** red wine
der **Rücken, –** back
die **Rückkehr** return
rufen* to call
die **Rufnummer, –n** telephone number
der **Ruhetag, –e** closed (literally 'day of rest'),
    day off
ruhig quiet, calm, easily
das **Ruhrgebiet** Ruhr area
rund approximately
die **Rundreise, –n** round trip

S
saftig succulent
der **Salat, –e** salad
die **Salzkartoffel, –n** boiled potato
samstags on Saturdays
satt full, satisfied
der **Sauerbraten** stewed pickled beef
die **S-Bahn** local train
schaffen to manage
die **Schallplatte, –n** record
der **Schalter, –** counter
scharf hot, spiced

schauen to look
die **Scheibe, –n** slice
der **Schein, –e** note (money)
der **Schellfisch, –e** cod
die **Schere, –n** scissors
das **Schieferdach, ⁀er** slate roof
schicken to send
das **Schiff, –e** ship
die **Schiffstour, –en** boat trip
der **Schinken, –** ham
der **Schinkenspeck** bacon
der **Schlaf** sleep
schlafen* to sleep
schlecht bad
schließen* to close
schmal narrow
schmecken to taste
der **Schmerz, –en** pain
das **Schmerzmittel, –** pain-killer
die **Schneidwaren** (pl) cutting implements
schnell quickly
das **Schnitzel, –** cutlet
der **Schnupfen** cold, sniffle
die **Schmucksachen** (pl) jewellery
das **Schneidegerät, –e** cutting implement
schon already
schön good, nice, pleasant
die **Schönheit** beauty
schreiben* to write
die **Schreibwaren** (pl) stationery
der **Schuh, –e** shoe
die **Schule, –n** school
schwärmen to be enthusiastic
schwarz black
das **Schweinefleisch** pork
das **Schweineschnitzel, –** pork cutlet
die **Schweiz** Switzerland
der **Schweizer, –** Swiss (man)
die **Schweizerin, –nen** Swiss (woman)
schweizerisch Swiss
schwer difficult, heavy
die **Schwerindustrie, –n** heavy industry
der **Schwermaschinenbau** heavy engineering
das **Schwert, –er** sword
das **Schwimmbad, ⁀er** swimming-pool
sechs six
sehen* to see
die **Sehenswürdigkeit, –en** sights, places of
    interest
die **Seife,** soap

sein   to be

seit (dat)   since

seitdem   since then

die **Seite**, –n   side, page

die **Sekretärin**, –nen   secretary

selber, selbst   myself, yourself etc.

die **Selbstbedienung**   self-service

selbstverständlich   of course

Service inbegriffen   service included

setzen (refl)   to sit down

sicher   of course, certainly, safe

Sie   you

sie   she, it

das **Silber**   silver

das **Silvester**   New Year

sinken*   to sink

die **Sitznische**, –n   corner seats

so   so

sofort   straight away

sogar   even

sogennant   so-called

der **Sohn**, ¨e   son

sonst   otherwise, apart from that

sonstig   other

die **Sozialversicherung**   equivalent of National Insurance contributions

die **Sprache**, –n   language

die **Spedition**, –en   forwarding agent

die **Spitze**, –n   top, head

der **Sommer**   summer

die **Sorte**, –n   sort

sortieren   to sort

die **Sortieranlage**, –n   sorting equipment

das **Sparbuch**, ¨er   savings book

die **Sparkasse**, –n   savings bank

spät   late

die **Speisekarte**, –n   menu

die **Spezialität**, –en   speciality

spielen   to play

das **Spielzeug**   toy

die **Spielwaren** (pl)   toys

die **Spirituosen** (pl)   spirits

die **Spitze**, –en   top, head

der **Sportartikel**, –   sports item

der **Sportplatz**, ¨e   sportsground

der **Sprachraum**, ¨e   area where a language is spoken

sprechen*   to speak

die **Sprechstundenhilfe**, –n   doctor's receptionist

sprühen   to spray

der **Staat**, –en   state

die **Staatsangehörigkeit**, –en   nationality

das **Stadion**, Stadien   stadium

die **Stadt**, ¨e   town, city

der **Stadtbereich**, –e   the town area

die **Stadtbesichtigung**, –en   tour of a town

die **Stadtmitte**, –n   town centre

der **Stadtplan**, ¨e   town map

der **Stadtrand**, ¨er   outskirts

die **Stadtrundfahrt**, –en   tour of the city

das **Stadtviertel**   part of town

der **Stahl**, ¨e   steel

ständig   continuously

stattfinden* (sep)   to take place

stehen*   to stand

stempeln   to stamp

die **Stenotypistin**, –nen   shorthand-typist

der **Stern**, –e   star

die **Steuer**, –n   tax

die **Stichprobe**, –n   random check

stimmen   to be right

der **Stock**, -werke   storey, floor

die **Straße**, –n   street

die **Straßenbahnhaltestelle**, –n   tram stop

der **Straßenkünstler**, –   street artist

der **Straßenzustand**, ¨e   condition on roads

der **Strauß**, ¨e   bouquet

der **Stromanschluß**, -schlüsse   mains electricity

das **Stück**, –e   each, piece, play

der **Student**, –en   student (male)

die **Studentin**, –nen   student (female)

studieren   to study

die **Stunde**, –n   hour

suchen   to look for

Südafrika   South Africa

der **Süden**   the south

südlich   (gen) to the south

das **Super(benzin)**   four-star petrol

die **Suppe**, –n   soup

süß   sweet

die **Süßigkeit**, –en   sweets

das **Symbol**, –e   symbol

T

die **Tablette**, –n   pill

der **Tafelapfel**, ¨   eating apple

der **Tag**, –e   day

am **Tag**   during the day

der **Tagungsraum**, ¨e   conference room

tanken   to refuel
die **Tankstelle, –n**   petrol station
der **Tankwagen, –**   petrol lorry
der **Tankwart, –e**   petrol pump attendant
das **Taschenbuch, ¨er**   paperback
die **Tasse, –n**   cup
die **Tastatur, –en**   set of push-buttons
die **Taste, –n**   push-button, key
die **Tastennummer, –n**   number of
      push-button, key
die **Tastenreihe, –n**   row of push-buttons,
      keys
der **Taxichauffeur, –e**   taxi driver
der **Taxifahrer, –**   taxi driver
der **Taxi-Ruf**   number for calling a taxi
der **Tee**   tea
der **Teil, –e**   part
   teilweise   partially
das **Telefon, –e**   telephone
das **Telefonbuch, ¨er**   telephone directory
   telefonieren   to phone
die **Telefonistin, –nen**   telephonist
die **Telefonnummer, –n**   telephone number
der **Telexdienst**   telex service
die **Telexnummer, –n**   telex number
der **Termin, –e**   appointment
   teuer   expensive
die **Textilien** (pl)   textiles
die **Textilindustrie, –n**   textile industry
das **Theater, –**   theatre
   tiefgekühlt   frozen
der **Tierfreund, –e**   animal lover
   tippen   to type
der **Tisch, –e**   table
das **Tischtennis**   table tennis
der **Toast**   toast
die **Tochter ¨**   daughter
die **Toilette, –n**   toilet
die **Tomate, –n**   tomato
die **Torte, –n**   tart, flan
   touristisch   tourist (adj)
   tragen*   to take, to carry
   trampen   to hitchhike
   treffen*   to meet
die **Treppe, –n**   stairs
das **T-Shirt, –s**   T-shirt
   tun   to make, to do
   typisch   typical

U
die **U-Bahn**   underground train

über (acc/dat)   via, about, over
über Nacht   overnight
überall   everywhere
übernachten   to stay, to spend the night
die **Übernachtung, –en**   overnight stay
der **Übernachtungspreis, –e**   price per night
üblich   usual
übrig   left over, remaining
übrigens   moreover
die **Uhr, –en**   clock
die **Uhrzeit, –en**   time
um (acc)   at, around
die **Umrechnungstabelle, –n**   conversion
      table
umsteigen* (sep)   to change (trains)
der **Umtausch**   exchanged goods,
      customer services
die **Umgebung, –en**   surrounding region, area
umwechseln (sep)   to change (money)
unbedingt   certainly
und   and
der **Unfall, ¨e**   accident
ungefähr   approximately
die **Unkosten** (pl)   expenses
unser   our
die **Unterhaltung**   entertainment
die **Unterhaltungsmusik**   light, background
      music
die **Unterkunft, ¨e**   accommodation
unterschreiben*   to sign
unterwegs   on your way
unverheiratet   single, unmarried
der **Urlaub, –e**   holiday
usw. (und so weiter)   etc.

V
verbinden*   to connect
die **Verbindung, –en**   connection
verboten   prohibited
verbrauchen   to consume, to use
verbringen*   to spend (time)
das **Vergnügen, –**   pleasure
verheiratet   married
verkaufen   to sell
die **Verkaufsbedingung, –en**   sales conditions
der **Verkaufsleiter, –**   sales manager
der **Verkehr**   traffic
die **Verkehrsampel**   traffic lights
verkehrsgünstig   easily accessible
das **Verkehrsnetz, –e**   traffic network
der **Verkehrsverein, –e**   tourist office

verletzt   injured

verlieben (refl)   to fall in love

verlieren*   to lose

versäumen   to miss

verschieden   various

die **Versicherungskarte, –n**   insurance document

verstehen*   to understand

verstopft   blocked

verteilen   to distribute

der **Vertreter, –**   representative

die **Verwaltung, –en**   administration

verzollen   to declare (for customs)

viele   many

vielen Dank   many thanks

vielleicht   perhaps

vielleicht doch   perhaps I will after all

vielmals   very much (literally many times)

vier   four

voll   full

vollautomatisch   fully automatic

die **Vollpension**   full-board

volltanken (sep)   to fill up (with petrol)

von (dat)   from, of

vor (acc/dat)   before, ago

die **Vorfahrt**   right of way

vorgestern   the day before yesterday

vorhanden   available

vorläufig   provisionally

der **Vorname, –n**   first, Christian name

vorne   over there, in front

vorrätig   in stock

die **Vorspeise, –n**   hors-d'oeuvre

vorwärts   forwards

vorziehen* (sep)   to prefer

W

der **Wagen, –**   car

wählen   to choose, to make a choice, to elect

wahr   true (see 'nicht wahr')

während (gen)   during

der **Waliser, –**   Welshman

die **Waliserin, –nen**   Welsh woman

walisisch   Welsh

wann?   when?

warm   warm

warum?   why?

was   that, which, what

waschen*   to wash

das **Wasser**   water

die **Wasserleitung, –en**   mains water connection

wechseln   to give change, to exchange (money), to change

die **Wechselstube, –n**   bureau de change

wehtun* (sep)   to hurt

die **Weihnachten** (pl)   Christmas

zweiter Weihnachtstag   Boxing Day

weil   because

der **Wein, –e**   wine

weiß   white

der **Weißwein, –e**   white wine

weit   far

weiter   further

weiterfahren* (sep)   to continue (by transport)

weitergehen* (sep)   to continue (on foot)

weiterzahlen (sep)   to continue paying

welcher?   which?

weltbekannt   world-famous

wenige   a few

weniger   less

wenn   if

werden*   to become

die **Werkstatt, ⸚e**   garage (for repairing cars), workshop

das **Werkzeug, –e**   tool

der **Wert, –e**   value

der **Westen**   the west

der **Wetterbericht, –e**   weather report

wichtig   important

wie   how, as

wieder   again

Auf Wiederhören   goodbye (on the telephone)

Auf Wiedersehen   goodbye

wiegen*   to weigh

das **Wiener Schnitzel**   Wiener Schnitzel

wieviel?   how much?

wieviele?   how many?

das **Wild**   game, venison

Willkommen in   welcome to

wirklich   really

wissen*   to know

wo?   where?

die **Woche, –n**   week

das **Wochenende, –n**   weekend

der **Wochenmarkt, ⸚e**   weekly market

wohin?   where to?

wohlfühlen (sep. refl)   to feel at ease

die **Wohnungsmiete, –n**   housing rent
wollen*   to want
der **Wunsch, ̈e**   wish
wünschen   to wish
die **Wurst, ̈e**   sausage

Z

zahlen   to pay
zählen   to count, to include
zahlreich   numerous
die **Zahnpaste, –n**   toothpaste
die **Zahnschmerzen** (pl)   toothache
zehn   ten
das **Zeichen, –**   sign
zeigen   to show
die **Zeit, –en**   time
die **Zeitschrift, –en**   magazine
die **Zeitung, –en**   newspaper
das **Zelt, –e**   tent
zelten   to camp
der **Zentimeter, –**   centimetre
das **Zentrum, Zentren**   centre
das **Zeugnis, –se**   certificate
das **Ziel, –e**   destination
der **Zielbahnhof, ̈e**   destination
ziemlich   rather
die **Zigarette, –n**   cigarette

das **Zimmer, –**   room
der **Zimmernachweis, –e**   list of hotels
die **Zimmervermittlung, –en**
accommodation bureau
zirka   about, approximately
die **Zitrone, –n**   lemon
der **Zitronentee**   lemon tea
die **Zollauskünfte** (pl)   customs information
der **Zollbeamte, –n**   customs official
die **Zone, –n**   zone, region
zu (dat)   too, to
zuerst   first of all
die **Zufahrt, –en**   access
zufriedenstellen (sep)   to satisfy
der **Zug, ̈e**   train
zumachen (sep)   to close
zunehmend   increasingly
zurück   back
zusammen   together
zuschicken (sep)   to send to
zwei   two
der **Zweigbetrieb, –e**   branch (factory or works)
zweite   second
die **Zwiebel, –n**   onion
zwischen (acc/dat)   between
zwölf   twelve